总主编◎楼宇烈

中|华|优|秀|传|统|文|化|经|典|丛|书

孙子兵法

（春秋）孙　武　著◎王守常　解读

中国长安出版传媒有限公司
中　国　长　安　出　版　社

图书在版编目（CIP）数据

孙子兵法 /（春秋）孙武著；王守常解读 . — 北京：中国长安出版传媒有限公司，2022.6（2023.5 重印）
（中华优秀传统文化经典丛书 / 楼宇烈总主编）
ISBN 978-7-5107-1098-8

Ⅰ. ①孙…　Ⅱ. ①孙…　②王…　Ⅲ. ①《孙子兵法》—研究　Ⅳ. ① E892.25

中国版本图书馆 CIP 数据核字（2022）第 075027 号

孙子兵法

作　　者　（春秋）孙　武 / 著　王守常 / 解读
责任编辑　李　涛
特约编辑　邹德金
策　　划　善品堂® 藏書
出版发行　中国长安出版传媒有限公司
　　　　　中　国　长　安　出　版　社
社　　址　北京市东城区北池子大街 14 号（100006）
邮　　箱　capress@163.com
电　　话　（010）66529988-1323

开　　本　889 毫米 × 1194 毫米　1/32
印　　张　10
字　　数　180 千字
版　　次　2022 年 6 月第 1 版
印　　次　2023 年 5 月第 2 次印刷
书　　号　ISBN 978-7-5107-1098-8
定　　价　86.00 元

出版缘起

文化是一个国家、一个民族的灵魂。泱泱华夏，五千年文明历史所孕育的中华优秀传统文化，是中华民族生生不息、发展壮大的丰厚土壤。

党的十八大以来，以习近平同志为核心的党中央高度重视中华优秀传统文化的传承与发展。2013 年 11 月 26 日，习近平总书记在山东曲阜孔府和孔子研究院考察时强调："要大力弘扬中国传统文化。"2022 年 6 月 8 日，习近平总书记在四川眉山三苏祠考察时指出："要善于从中华优秀传统文化中汲取治国理政的理念和思维。"2017 年 1 月，中共中央办公厅、国务院办公厅印发《关于实施中华优秀传统文化传承发展工程的意见》，系统部署传承发展中华优秀传统文化的战略任务，把传承中华优秀传统文化提升到新的历史高度。2022 年 4 月，中共中央办公厅、国务院办公厅印发《关于推进新时代古籍工作的意见》，明确指出，要完善古籍工作体系、提升古籍工作质量，“挖掘古籍时代价值”，“促进古籍有效利用”，“做好古籍普及传播”。

中华传统文化是中华民族的“根”与“魂”。文化兴则国家兴，文化强则民族强。没有高度的文化自信，没有文化的繁荣兴盛，就没有中华民族的伟大复兴。党的十九届六中全会强调，要“推动中华优秀传统文化创造性转化、创新性发展”。为适应全民阅读、共读经典的时代需求，我们组织出版《中华优秀传统文化经典丛书》，以展示古籍研究领域的成果，推广、普及中华优秀传统文化经典，传承、弘扬中华优秀传统文化，提振当代中国人的文化自信。

激活经典，熔古铸今。丛书精选中华优秀传统文化经典，既选取广为人知的历史沉淀下来的传世经典，也增选极具价值但多部大型丛书未曾选入的珍稀出土文献（如诸多竹简、帛书典籍），充分展示中华传统文化的历史脉络与宏富多元。丛书由众多学识渊博的专家学者担任编委，遴选各领域杰出研究者与传承人担任解读（或译注）作者，切实保证作品品质。

丛书定位为中华优秀传统文化经典普及读物，力求能让广大读者亲近经典、阅读经典，充分领略和感受中华优秀传统文化的魅力，并从中获益。为此，解读者（或译注者）以当代价值需求为切入点解读古代典籍，全方位解决古文存在的难读难解、难以亲近的问题，让中华优秀传统文化贴近现实生活，走进人们的心中，最大限度地发挥以文化人的作用。

“问渠那得清如许？为有源头活水来。”博大精深的中华文化源远流长，五千年文脉绵延不绝，中华优秀传统文化是中华儿女奋发图强、继往开来、实现民族伟大复兴的强大精神来源。“洒扫应对，莫非学问。”读者诸君若能常读经典、读好经典，真正把传统文化的精义、真髓切实融入生活和工作，那各位的知与行也一定能让生活充满希望，让工作点亮未来，让国家昌盛，让世界更美好！

丛书编委会

2022 年 6 月 9 日

前言

《孙子兵法》，又称《孙武兵法》《吴孙子兵法》《孙子》，是中国和世界现存最古老的兵书，素有“兵典”“武经”“百代兵家之师”等美誉。《孙子兵法》虽只有十三篇六千余字，但内容包罗万象、博大精深，是最具中国智慧的一部奇书。

关于《孙子兵法》及其作者孙武，在《国语·魏语》《荀子·议兵》《吕氏春秋》《韩非子·五蠹》《淮南子》《史记·孙子吴起列传》《战国策》《太玄经》中都有《孙子兵法》的引文和相关孙武的生平史料。当然，汉代以后的许多文献里也有记载，而关于《孙子兵法》著作的流传在文献上则有不同的记载。

如《史记·孙子吴起列传》记载："孙子武者，齐人也，以兵法见吴王阖闾。阖闾曰：子之十三篇，吾尽观之矣。"

但在《汉书·艺文志》中却著录："《吴孙子兵法》八十二篇、图九卷。"

又见《隋书·经籍志》著录："《孙子兵法》二卷，《孙子八阵图》一卷，亡。"《艺文志》或《经籍志》这类书目都是著者在当时其所见书的实录，何以解释这些记载的异同，无法考证。到了《唐书·艺文志》则著录："《孙子兵法》十三卷，孙武撰，魏武帝注。"

关于《孙子》的作者和年代，秦汉之时还没有争论。到了南宋，叶适提出怀疑（见《习学记言序目》），认为《孙子兵法》不是孙武所作，而是"春秋末年战国初年山林处士所为"。他的理由为《孙子兵法》前称十三篇，后称八十二篇，前后矛盾。

梁启超也认为"未必孙武所著，当是战国人依托"。另外，有学者则坚持认为《孙子兵法》为战国时孙膑的著作。孙膑是孙武的后世子孙。

《史记》记载，“孙武既死”，“后百余岁有孙膑”，“孙武之后世子孙也”。在《汉书·艺文志》里记有《吴孙子兵法》八十二篇、《齐孙子兵法》[1]八十九篇，大概汉以后《孙膑兵法》就已亡佚。从《隋书·艺文志》开始，就看不到历代著录了。由此，后人对孙武与孙膑以及《孙子兵法》与《孙膑兵法》有了许多的猜测和误解。

冯友兰认为，《孙子兵法》十三篇是《齐孙子兵法》八十九篇的一部分。其理由是《孙子兵法》中说的“凡用兵之法，驰车千驷，革车千乘，带甲十万，千里馈粮”，春秋末期不会有如此大规模的战争。日本汉学家斋藤掘堂的《孙子辨》也认为孙武、孙膑为一人。历史上的争论，一直到20世纪70年代被彻底解决了。《孙子兵法》为孙武所作的看法，现在可以证实了。

1972年，在山东临沂的银雀山发现汉墓出土的竹简（约七百枚）中，有三百枚简，近三千字，其中二千字与今本《孙子兵法》十三篇相同。另发现四百余枚，约一万一千字，似为《齐孙子兵法》，为孙膑所作。

---

① 齐孙子：孙膑。

失传达一千七百年的《吴孙子兵法》重见天日，解决了历史上长期争论的关于《孙子兵法》的作者和写作年代的问题。

1975 年，整理出版了《孙膑兵法校理》。其后亦有学者继续考证，认为四百枚简中，有部分或为其他兵法。此研究还在进行中，尚有许多疑点没有完全确定。

《孙子兵法》对后世影响巨大，三国以后历代注解之人众多。其中以曹操注解最为著名。他说："吾观兵书战策多矣，孙武所著深矣。"

《孙子十家集注》，明嘉靖本，以天津古籍书店 1991 年版最好。

北宋开始，以"武经七书"（《孙子》《吴子》《李卫公问对》《尉缭子》《三略》《六韬》《司马法》）为武科考试经典，一直延续到明清两朝。

一、《孙子兵法》之传播

公元 8 世纪，日本留学生吉备真备将《孙子兵法》带回日本，推动了日本的《孙子兵法》研究。15 世纪传到朝鲜的李朝时代。18 世纪传到法国。1905年有了英译本。二战后，在西方广泛传播。今译为英语、法语、德语、俄语、日语、意大利语、捷克语、罗马尼亚语、希伯来语、泰米尔语等外国语言传播于世。《孙子兵法》是除《论语》《老子》外被翻译成外国文字最多的中国典籍。

16世纪的武田信玄以《孙子兵法·军争篇》中的四句话“其疾如风，其徐如林，侵掠如火，不动如山”联句为“风林火山”绣在军旗之上，以振军威。

在谈《孙子兵法》之前，先要提及“三十六计”的问题。有些媒体不止一次把“三十六计”和《孙子兵法》混为一谈，让人们误以为“三十六计”是《孙子兵法》的一部分，两者为同一作者所著。

“三十六计”出现的具体时间，从文献上无从考证，但从字源上考究，“三十六计”应是源于《易经》中的“三十六策”。而后，在魏晋南北朝时期的文献上，我们看到《南齐书·王敬则传》有载：“檀公三十六策，走为上计，汝父子唯应走耳。”后有宋代惠洪的《冷斋夜话》言：

“三十六计，走为上计。”《宋稗类钞》亦有此句。明代中期开始，引用此语的人更多，可知“三十六计”在那时已很流行，这与明代的市民文化发展有很大的关系。这一时期，笔记文学发展很快，编辑各类丛书很流行。其中有关智谋类的丛书，如有孙能传的《益智编》、樊玉衡的《智品》，以及冯梦龙的《智囊》等，但是我们没有发现这类丛书的编者引用“三十六计”，可能当时还没有成为一本书，到底何时成为一本书不得而知。据说，《三十六计》是20世纪30年代末在陕西某县城的地摊上发现的，是一个手抄本，收藏者于20世纪60年代撰文介绍，后来将此手抄本《三十六计》赠给了军事科学院。今天流行的《三十六计新编》应是那本手抄本的翻刻本，但是你会发现《三十六计》这本书没有作者或编者。这可以有两种解释：一是《三十六计》虽然流传很久，但非一人所著和编辑，故没有署名；其二，我认为《三十六计》的内容不过都是狡诈小慧之术，著者与编者可能耻于署名。当然，《三十六计》一书在中国兵学文化中也排不上位子。

《三十六计》与冯梦龙的《智囊》比较，还不如冯梦龙的境界高。冯氏在《智囊全集·智囊自叙》中说：“人有智犹地有水，地无水为焦土，人无智为行尸。智用于人，犹水行于地，地势坳则水满之，人事坳则智满之。周览古今成败得失之林，蔑不由此。何以明之？昔者桀、纣愚而汤、武智，六国愚而秦智，楚愚而汉智，隋愚而唐智，元愚而圣祖智。举大则细可见，斯《智囊》所为述也。”以冯氏“狡而归之于正”之见，狡诈之术可为借鉴，但要施于正大，而《三十六计》所鼓吹之狡诈之术，如“借刀杀人”“趁火打劫”“浑水摸鱼”“瞒天过海”“笑里藏刀”“顺手牵羊”“指桑骂槐”“上屋抽梯”“偷梁换柱”等市井小计，却在今天于媒体、讲堂大行其道。令人费解。《孙子兵法》作为一部传世已久的兵书，于各时代每个人总有不同的读法。西方谚语说：“有一百个读者就有一百个哈姆雷特。”诚然，每个人读《孙子兵法》，都会从他所处社会背景，以及思维方式、价值观念去理解和解读。当今就已经有很多军事学家、经济管理学者都在讲解《孙子兵法》。《孙子兵法》在商业上也成为企业家们制胜的宝典秘籍。可见，《孙子兵法》一书在今天成了热门书。

二、道在器中，器不离道

该如何阅读《孙子兵法》呢?

首先要理解两个概念：一个是“道”的概念，一个是“器”的概念。这两个概念出现在《易经》中，“形而上者谓之道，形而下者谓之器”，这即说有形的上面就是“道”。那么“形而下者谓之器”的“器”，就是指具体的东西，也可以用“术”来直陈。何谓“术”?清代学者章学诚解释：“术也者，取所发明之真理致诸用者也。”换言之，“术”就是理性认知的具体运用方法。“道”与“器”（“术”）是什么关系呢?二者的关系是“道在器中，以道御器”。这是中国哲学的根本思考方式。

《孙子兵法》几千年流传下来，成为中国兵学的经典，就是因为《孙子兵法》并非只讲具体的战术或谋略，而是对战争本质的深刻反思，凝结了中国兵学思想的精粹。“道”在中国哲学里有多种说法，简要概括是关于自然、社会、人所固有的因果性、规律性，由此比附为道德本体，以及人们超验的体悟境界。因此，在中国文化中一直认为“道”是“本”，“术”是“末”；“道”是“体”，“术”是“用”。“术”不离“道”，不存在一个纯粹的独立的“术”。

我们换种说法，中国企业今天在大量借鉴西方的企业管理制度与经验的时候，往往忽略了西方企业文化的核心价值。如果仅仅学习“惠普”的管理制度，而不理解“HP Way”（惠普之道）所讲的内在价值——（1）相信、尊重个人；（2）追求卓越；（3）诚信；（4）公司的成功是大家的贡献；（5）开拓、创新。没有这些核心价值的支撑，就不可能完全运用惠普的管理制度。企业文化的价值观是“道”，企业的经营模式与行为风格是“术”。“道”在“术”中，没有企业文化的核心价值观念在管理制度中发挥作用，制度管理不会完善，甚至名存实亡。因此，今天企业界借鉴学习《孙子兵法》，只关注“谋略”“诈道”，而全然不解《孙子兵法》中所强调的道德关怀和人本精神，那是把《孙子兵法》庸俗化。

《孙子兵法》共十三篇，约六千字，而尽管关于道、境界、道德这一类的词语字数很少，但却体现了其精髓和核心思想。在谈这个问题之前，只就《孙子兵法》来谈是不行的，应该有比较和对照。因此，我以 17 至 18 世纪德国著名军事学家克劳塞维茨所写的《战争论》与《孙子兵法》对照比较。

《战争论》，共一百二十四章，是西方军事著作中的经典文献。《战争论》的第一观点是“战争是政治的继续”。克劳塞维茨认为，战争没有固定模式，每场战争都有其自己的特色。但从战争与政治的关系上看，政治是战争的母体。在任何情况下，都不应把战争看成独立的东西，而要看作政治的工具，是为政治服务的。战争爆发之后，并未脱离政治，仍是政治交往的继续，是政治交往通过另一种手段的实现，是打仗的政治，当政治不能解决时，就需要用战争来解决。这个观点大概成为我们解读战争现象的一个重要依据，当然这个政治的概念可以放大一些，包括经济、地缘等因素。比如两伊战争，如果说两伊没有石油，西方强国也不会有那么大的兴趣，因为要控制战略要地、战略资源，所以有了两伊战争。因此可以说，这种观点是对战争本质性的一个精确描述。那么，《孙子兵法》里面有没有这样的思想呢？

《孙子兵法》开篇就讲："兵者，国之大事，死生之地，存亡之道，不可不察也。"

"兵"就是指战争，战争是国家中最重大的事情，由于它关乎百姓生死、国家存亡的问题，因此每个统治者不能不慎重周密地观察、分析、研究。这种说法与《战争论》有异曲同工之处，可以说二千五百年前的孙武，已经认识到了战争不是独立的现象，而是国家最重大的事情。所以孙武说，对战争的问题一定要慎重地对待，这就是"慎战"的思想。孙武说"非利不动，非得不用，非危不战"，告诫统治者对待战争要慎之又慎，因为"死者不可以复生，亡国不可以复存"。孙武更加强调战争给人们带来的惨痛危害，以及大量财产的浪费。

那么，如何考察战争问题呢？孙武提出从五个方面去认识："一曰道，二曰天，三曰地，四曰将，五曰法。"

所谓“道”，是指“令民同意”，是指君主要关心民众，符合民众意愿，达到目标一致，如此可以同生共死。“天”指昼夜、寒暑、四季。“地”指地势高低、路程远近、地势险夷和战场的广阔狭窄。“将”指军事指挥者足智多谋、赏罚有信、关爱部下、勇敢果断和军纪严明。“法”指组织结构、人员编制、管理制度和物资调配。孙子特别把“道”放在首位来考察。这也是荀子在《议兵》篇中指出的“善附民也”之意。

《战争论》的另一个观点是“战争的根本目的是彻底消灭敌人”。克劳塞维茨认为战争是政治的继续，战争的政治目的是消灭敌人，而消灭敌人必然要通过武力决战，通过战争才能达到。战争是一种比其他一切手段更为优越、有效的手段，而孙武并不认为战争是解决问题的第一选择。孙武说：“上兵伐谋，其次伐交，其次伐兵，其下攻城。攻城之法，为不得已。”在孙武看来，最佳的军事行动是用谋略挫败敌方的战争行为；其次就是用建立同盟，以外交手段战胜敌人；再次是用武力击败敌军；最下之策是攻打敌人的城池。攻城，是不得已而为之，是没有办法的办法。所谓“伐谋”，就是“能而示之不能，用而示之不用，近而示之远，远而示之近。利而诱之，乱而取之，实而备之，强而避之，怒而挠之，卑而骄之，佚而劳之，亲而离之。攻其无备，出其不意”。这些谋略是对以往战争中经验的高度概括和总结。

三、用兵之法

孙武把“攻城”视为不得已而为之，因为在孙武看来，士兵像蚂蚁一样盘梯攻城，死伤三分之一，还不能成功，是重大灾难。孙武在用兵之法上主张使敌人举国降服是上策，用武力击破敌国就次一等；使敌人全军降服是上策，击败敌军就次一等；使敌人全旅降服是上策，击破敌旅就次一等；使敌人全卒降服是上策，击破敌卒就次一等；使敌人全伍降服是上策，击破敌伍就次一等。“全国为上，破国次之；全军为上，破军次之；全旅为上，破旅次之；全卒为上，破卒次之；全伍为上，破伍次之。”

由此，孙武提出“百战百胜，非善之善者

也；不战而屈人之兵，善之善者也”。也就是说，百战百胜，算不上最高明的；不用交战的方式就能降服全体敌人，这才是最高明的。“故善用兵者，屈人之兵而非战也，拔人之城而非攻也。”我认为，孙武这里不是简单地谈论“谋攻之法”，而是告诫人们“不尽知用兵之害者，则不能尽知用兵之利也”。孙武倡导“全胜”“智胜”，是因为他看到了战争的残酷性，因而提出了“慎战”的思想。从中我们可以体会到《孙子兵法》中所蕴含的对生命的关心和尊重。

《孙子兵法》所处的时代背景为春秋时期，诸侯国进入争霸与兼并战争的时代。在这些残酷的战争中，诸子对战争都有深刻的反思，即“春秋无子不言兵”，是说春秋时代没有一个人不讨论战争。可见当时的战争影响面有多大，使得这些读书人都要关心战争的问题。儒、墨、道、法诸子对战争也做出了深刻的反思与批判，可与《孙子兵法》作一比较。

四、诸子的战争论

孔子有没有讨论过战争呢？

相关的文献里没有直接的讨论，但是《论语》里有这么一段对话。一个弟子问孔子立国的标准是什么？他说是“足食”“足兵”“民信”，这个“信”是诚信的意思，这三个条件可以确保一个国家存在。弟子对孔夫子说，这三个条件能不能去掉一个？他说，“足兵”可以去掉。也就是说军备可以不要考虑。弟子再问，逼不得已在“足食”与“民信”二者上，哪个可以先去掉？孔夫子说“去食”。孔子说，“民无信不立”。也就是说没有百姓对国家的信任，君主还立什么国？这句话现在成为一个对世界负责任的大国的一句警言，没有诚信，一个国家何以立？孔子不是不重视军事战备问题，孔子在《子路》篇中说：“以不教民战，是谓弃之。”是说统治者让没有军事训练的百姓去打仗是不负责任。

孟子讨论战争问题就多一些。孟子说“春秋无义战”，是说春秋时代发生的战争没有正义的，都不符合尊卑礼仪原则。因为征伐的人应遵从从上到下的概念。从上，上的概念就是周天子，周天子下令，你才可以征伐下面的诸侯国。这就是“礼乐征伐自天子出”的意思，势力相等的国家是不能相互征伐的。这里所说的是发动战争要遵循一定的政治次序。传统中国的战争观，有一个最重要的精神，认为战争是造成人死亡和物资损害的最大原因。我们可以在《孟子》中看到孟子强烈批评统治者的战争行为："今夫天下之人牧，未有不嗜杀人者也。""争地以战，杀人盈野；争城以战，杀人盈城。"孟子批评梁惠王，"不仁哉，梁惠王也！仁者以其所爱及其所不爱，不仁者以其所不爱及其所爱"①，"梁惠王以土地之故，糜烂其民而战之，大败，将复之，恐不能胜，故驱其所爱子弟以殉之，是之谓以其所不爱及其所爱也"。孟子认为，"此所谓率土地而食人肉，罪不容于死"。孟子告诫统治者"以德行仁者王，王不待大"，"威天下不以兵革之利。得道者多助，失道者寡助。寡助之至，亲戚畔之；多助之至，天下顺之"。在孟子看来，依靠战争解决问题是"失道"，是没有道义的行为，也就失去了百姓的支持与拥护。

在春秋时代，儒家和墨家被称为"显学"，儒家与墨家是当时影响最大的学派。墨家有一篇

① 朱熹注："亲亲而仁民，仁民而爱物。所谓以其所爱及其所不爱也。"

文章叫《非攻》。墨家对战争非常痛恨，所以他专门用这样的文章来反对战争。墨子主张“非攻”，反对当时的“大则攻小也，强则侮弱也，众则贼寡也，诈则欺愚也，贵则傲贱也，富则骄贫也”的掠夺性战争。孟子批评战争贻误农时、破坏生产、残害无辜、掠民为奴，墨家反对战争的理由与儒家是一致的。墨家在中国历史文化中也算是一个兵家，因为他在防御战上为中国的兵学作出了很大的贡献。

道家也是反对战争的。有人说《老子》就是兵书，也有一定的道理。老子说“夫乐杀人者，则不可以得志于天下”，意思是以杀人为乐者不能得天下。作为一个辅助帝王的人，应该“以道佐仁主者，不以兵强天下”。战争给社会与百姓带来巨大的灾难，所以老子说：“大军之后，必有凶年。故善战者果而已矣，勿以取强焉。”“夫兵者，不祥之器也，物或恶之，故有道者弗居。”“兵者非君子之器也。兵者不祥之器也，不得已而用之。”作为道家代表的老子，反对战争是不言而喻的。中国古代的战争观有一个核心的观念，那就是反对战争，尊重与关怀生命。这一价值观念在南朝僧祐编的《弘明集·正诬论》也有记载："敌国有衅，必鸣鼓以彰其过；总义兵以临罪人，不以暗昧而行诛也。故服则柔而抚之，不苟淫刑极武；胜则以丧礼居之；杀则以悲哀泣之；若怀不恶而讨不义，假道以成其暴。"中国文化中的战争观显然也受到了佛教徒的赞许。

我认为中国兵学中关注生命、尊重生命的观念，与中国文化传统中强调人文道德不无关系。我们先了解"中国"这个概念的含义。"中国"一词在商周时期就出现了，代表文化意识的"文""野"之别。周朝后期（春秋战国时代），周朝封建诸侯国向外发展，异族亦被周封建，成为诸侯大国，形成共同的文化圈、经济圈，作为中心的"中国"概念已有扩大，但作为"中国"概念的内涵却没有变化。在《战国策·赵策》里有对"中国"的描述："中国者，聪明睿智之所居也，万物财用之所聚也，贤圣之所教也，仁义之所施也，诗书礼乐之所用也，异敏技能之所试也，远方之所观赴也，蛮夷之所义行也。"这里对"中国"的解释显然不是地理概念，也不是种族概念，而是表达文化文明的概念。如果说是

"华夷之辨"，其所辨也是文明程度的差异。因"华夏"一词所指称的是"有礼仪之大，故称夏，有章服之美，谓之华"。而后，在宋代石介[①]的《中国论》中也有如此的说法："夫天处乎上，地处乎下，居天地之中者曰中国。居天地之偏者曰四夷。四夷外也，中国内也……夫中国者，君臣所自立也，礼乐所自作也，衣冠所自出也，冠昏祭祀所自用也，缋麻丧泣所自制也，果蔬菜茹所自殖也……各人其人，各俗其俗，各教其教，各礼其礼，各衣服其衣服，各居庐其居庐。四夷处四夷，中国处中国，各不相乱，如斯而已矣。""中国"与"四夷"的文化与文明的差异。固然有"非我族类，其心必异"之说，但我们读《孟子》所言："夫华夷者，辨在心，辨心在察其趣向。有生于中州而行戾乎礼义，是形华而心夷也；生于夷域而行合乎礼义，是形夷而心华也。"便知"心"是指礼仪文化的差异，没有种族歧视的意识，所以近代的康有为说："中国能礼仪则中国之，中国不能礼仪则夷狄之；夷狄能礼仪则中国之。"我们可以说"中国"一词是文化与文

① 又称徂徕先生。

明的意涵。谭嗣同更为“中国”赋予进取开放的新意，他说：“《文王》之诗曰：‘周虽旧邦，其命维新。’旧者夷之谓也，新者中国之谓也。守旧则夷狄之，开新则中国之。”由此可知，中国兵学是在这样的中国文化传统中生成的，因此必然受到人文道德的浸润。

这样就必然联系到另一个中国文化中的“人”的概念。这不是《孙子兵法》本身的内容，但是我们需要了解这个概念。中国文化对“人”的概念的诠释，已有很长的历史。

在《易经》中有“天地人三才，人为贵”的说法。其意是说在天、地、人之中，人是最有价值的。荀子说：“草木有生而无知，禽兽有知而无义，人有气、有生、有知，亦且有义，故最为天下贵也。”这里的“气”是构成人的一个物质，而“义”则是指礼仪原则。荀子的意思是说草木有生命有气构成而无知，禽兽有生命有气有知而无礼仪原则。人呢？他说有生有气有知且有义，故为天下贵。天下最有价值的就是人，人最宝贵的是生命，中国早期文化就是这样讨论的，但是在这个讨论中，在逻辑上会有一个问题，就是中国所认识的“人”是与天、地比较的“人”，是与草木、禽兽比较的“人”，这是一个模拟。可以说人类在2500年前就知道人的价值，但是中国文化中的“人”是建立在道德意义上的类概念，而近代西方的“人”的概念是建立在个人的理念上，也就是“天赋人权”理论的核心价值。所以我们今天谈“以人为本”的理念，不仅要以“人”这个类为概念，关注集体与国家的利益，更需要尊重每一个人的生命。《孙子兵法》是在非常尊重人的文化背景下产生的，所以我们有必要将《孙子兵法》置于中国传统文化中去理解、去诠释。上面我们用《孙子兵法》与德国克劳塞维茨的《战争论》作了比较，又考察了中国先秦诸子的战争观，可以理解《孙子兵法》之所以成为中国兵学的圣典乃至世界军事史上的经典的原因，就在于孙子在讨论战争时，总是从人文道德的高度去思考，也就是我们前面谈到的“道在器中，器不离道”的思维原则。

《孙子兵法》不主张通过战争来解决问题，那就要用谋略来解决问题。曹操注《孙子兵法》说：“兵无常行，以诡诈为道。”这是说战争没有固定的形式，但是它有一个规律，就是“诡诈”。这个诡诈就是谋略，是曹操注《孙子兵法》最核心的一段话。唐代诗人杜牧说“古之兵柄，本出儒术”，古代战争真正决定的因素，原本出自儒家思想。这就告诉我们也可从这个角度解读《孙子兵法》。

我读《孙子兵法》就是取杜牧的解法。“上兵伐谋”，孙子推崇不用战争的方法解决问题，主张以谋略取胜。即使推崇谋略，也时时强调道德的作用。《孙子兵法》十三篇的最后一篇是“用间”篇。这个“间”就是间谍，用间就是使用间谍。孙子描述了几种间谍：怎么样把同乡发展成间谍，怎么样把官员发展成间谍，怎么样把敌人的间谍发展成为我服务的间谍等。情报战是决定战争成败的关键，转换到商业的时候，也说了解竞争情报是商战中最重要的手段。这是毋庸置疑的，但是孙子谈使用间谍是有前提的，就是“非圣贤不能用间，非仁义不能使间”。而现在我们很多人都忘记了这个前提，战争要用谋略解决，还是贯穿一个道德人文关怀的问题。

五、一分为三

我们读《孙子兵法》的时候，会发现有一个非常关键的问题，就是孙子使用概念的方式，他使用的全部是一组组对立的概念，比如敌我、攻守、胜败、虚实、奇正、治乱、勇惰、强弱、劳逸、饥饱、全破、力智、利害、迂直、生死、远近、高低、众寡……这些都是对立的概念同时列举出来的。我们透过《孙子兵法》的语言使用方式，可以了解孙子思维的方法。这个思维的方法我用“一分为三”来概括，而不是“一分为二”，为什么呢？这看似两个对立的概念，比如孙子提到奇正，他说“奇正相生”，“奇”是变法，“正”是正法。意思就是在战争中攻坚战，如果攻击敌人的正面就叫“正法”，攻击敌人的侧面就是“变法”。而正、奇是相互转换的，正面攻敌，因坚固防御势不可破而警惕性减弱，因此攻击敌人的正面反而是用“奇”了。孙子看到了正、奇相互转化，而不是从正奇不变两端去思考问题。

我们要理解《孙子兵法》中的思维方法，先

要了解“中庸”的概念。过去我们一谈中庸就是折中，就是调和，其实不然。中庸是最高的德，孔子说“中庸”为“至德”，是说中庸是一个至德，同时也是一个思考方法。孔子在《论语》中说：“叩其两端而竭焉。”这是一个思维方法的问题，“中”是代表了有德的概念，“庸”就是用，所以“中庸”就是用中。宋代的儒家解释“中庸”是“不偏谓之中，不易谓之庸，不偏不易谓之中庸”。我是按孔子的说法去理解中庸的。中国的智慧和道德，这两个概念是联系在一起的，也就是百姓常常说的“有大德必大智”。

“叩其两端而竭焉”中的“两端”是什么意思？就是现象与本质、形式与内容。两端不是平面的事物的这一端和那一端。孟子说：“子莫执中，执中为近之，执中无权，犹执一也。”这是告诫我们对事物两端要认真研究，在研究的过程当中，一定要“执中”。这个“执中”并不是百分之五十和百分之五十的中间的“中”，这个“中”就是“三”。也就是说，从第三个角度看问题。“执中无权”的“权”是“变”的意思，亦即是说，如果你没有时空变化观念，那你就“执一”了，就是落在一边了。孟子说：“男女授受不亲之谓大礼。”男女是不能手交手的，这是古代很大的一个礼节。告子就给孟子设置一个条件“嫂溺”，即你嫂子掉在井里了，那这样的话怎么办呢？孟子说“援之以手”，我要用手来救啊。这就是“执中”。

为什么孟子不顾礼仪原则而“援之以手”呢？因为孟子不是在救与不救的两端思考，而是从“人有恻隐之心”的立场去考虑的，就是“三”，亦即“执中”。如见嫂子落水了不救，坚持“男女授受不亲”的礼仪原则，那不就是禽兽吗？所以孟子的思考贯穿了对道德的要求，这就是智慧，即智慧源于道德。

再举一个圣王舜的故事为例子。舜是大孝子，但是他“娶而不告”，娶了个老婆不告诉父母，这怎么能说是大孝子呢？因为古代讲究凡事必告诉父母，父母之意不可逆，这才是孝子，你怎么能娶妻而不告诉父母呢？因为他“告而不娶”，如果他告诉父母了，父母不让他娶。所以他大胆地“娶而不告”。为什么他敢这样？是因为还有从“不孝有三，无后为大”的孝道之思考，这就是从第三个角度看问题，而不是从娶与不娶的二元角度去看问题。在孟子看来，“不娶”没有后代，岂不是更大的不孝！

《孙子兵法》的思维方法就是“一分为三”，是从第三个角度思考问题。这里我们也举几个例子。孙子说：“战道必胜，主曰无战，必战可也；战道不胜，主曰必战，无战可也。”从战争的发展规律看取胜是必然的，但君主却主张不战，作为下属应坚持战；如果从战争的规律看来没有取胜的可能，而君主却坚持战，那么作为下属的应反对战。这是讲上下属之间关系的概念，但孙子的思想是告诉我们“和而不同”才是符合事物的发展规律。孙子的思想涉及中国文化的核心概念，就是“和”的概念。这个“和”的观念出现在春秋战国时代，那时有一“和同之辨”的讨论。孔子和墨子也有一个辩论。墨子主张要以“同”来统治社会，就是说把人们的思想意志都统一起来，如此一来社会就好管理了，这是墨子的思想，所以他主张“尚同”的治国策略。而儒家主张是“和为贵”，孔子特别主张的是“和”。

“和”最早发生在中国音乐史中，我们中国

古代音乐是七个音素，这七个音素根据一定的序列，或是节律而构造和谐的音乐，叫作“音因序而和”。中国古代音乐强调的是变化气质，陶冶情趣，移风易俗的观念。因此，“和”的观念引申到家庭关系里，就是家庭和睦；推到世界就是和谐天下，协和万邦。“和”与“同”的讨论在《战国策》里也有记载，这是一场类似话剧的演出，剧中出现了三个人物：一个是齐惠王，另一个是惠王最亲近的大臣叫据，第三个人就是齐国外相晏子。这三个人有一场对话，惠王对晏子说，我跟我的亲密大臣据之间的关系，到底是“和”还是“同”的关系？晏子说，君说“是”，大臣他就说“是”，君说“否”，臣就说“否”，所以你俩是“同”的关系。惠王问那么什么是“和”呢？晏子说所谓“和”，应是君说“是”，臣说“否”；君说“否”，臣说“是”，这才是和。《战国策》告诉我们作为下属要敢于对君主说否，要敢于提意见，坚持己见。这与不久前出土的郭店竹简中的一条简的话有相同的意思，这就是《鲁穆公问子思》：“恒称其君之恶者，可谓忠臣矣。”这句话与前面孙子对战道胜负的判断的思想是一致的。在规律面前敢于坚持原则，不能以领导者的判断为判断标准，作为下属应该依据战争规律来判断，并敢于坚持自己的意见。《战国策》对“和同之辨”总结道：“和则相生，同则不继。”不同的东西放在一起才有生命，相同的东西放在一起是没有发展的。无论人类社会抑或自然界，“和”是基本规律，也是价值核心。

中国的思维方法在《孙子兵法》中有很多表述，如在《形篇》中的“先胜而后战”之说。孙子说：“古之所谓善战者，胜于易胜者也。故善战者之胜也，无智名，无勇攻，故其战胜不忒。不忒者，其措必胜，胜已败者也。故善战者，立于不败之地，而不失敌之败也。是故胜兵先胜，而后求战；败兵先战，而后求胜。”孙武强调没有取胜的把握，就不能发动作战。不打无准备之战，不以侥幸心理指挥作战。战争胜负的决定权在我们自己，但敌人有无可乘之机被我战胜，则不能由我而定。这就是“胜可知而不可为”。孙武讨论攻守、胜负问题，不是简单使用对立二分法，也不是单纯指出二者转化，而是从“自保而全胜”的高度去认识，所以孙子的思维为历代兵家所重视。

如《虚实》篇中的“我专而敌分”思想。孙武认为使敌军处于暴露状态，而我军处于隐蔽状态，这样我的兵力就可以集中，而敌军兵力就不得不分散。如果敌我总兵力相当，我集中兵力于一处，而敌人分散为十处，这样我就是以十对一。如果在局部战场上，我众敌寡的态势下，敌军不知道我军所预定的战场在哪里，就会处处分兵防备，防备的地方越多，能够与我军在特定的地点直接交战的敌军就越少。所以防备前面，则后面兵力不足，防备后面，则前面兵力不足；防备左方，则右方兵力不足，防备右方，则左方兵力不足；所有的地方都防备，则所有的地方都兵力不足。兵力不足，全是因为分兵防御敌人；兵力充足，是由于迫使敌人分兵防御我。这就是孙子所说：“故形人而我无形，则我专而敌分；我专为一，敌分为十，是以十攻其一也，则我众而敌寡；能以众击寡者，则吾之所与战者约矣。吾所与战之地不可知，不可知，则敌所备者多；敌所备者多，则吾所与战者寡矣。故备前则后寡，备后则前寡，备左则右寡，备右则左寡，无所不备，则无所不寡。寡者，备人者也；众者，使人备己者也。故知战之地，知战之日，则可千里而会战。不知战之地，不知战之日，则左不能救右，右不能救左，前不能救后，后不能救前，而况远者数十里，近者数里乎？以吾度之，越人之兵虽多，亦奚益于胜败哉！故曰：胜可为也。”孙子所讨论的“虚与实”“专与分”“众与寡”，不仅看到了二者的转变，更可贵的是指出了这种转化的根本原因，则是主体的人的思维方式。

如《地》篇中，孙武的“施无法之赏，悬无政之令”与“投之亡地然后存，陷之死地然后生”的思想。这里的“无法”的对立面是“有法”，有法之赏即是按制度设计发放奖赏。“无政”的对立面是“有政”，有政之令即是按照等级制度转达命令。“亡地”与“死地”都是布置部队的大忌之地。但是按照“执中有权”的权变思维，即“时中”观念，任何事物都存在于时间与空间中，时间、空间改变了，事物的性质也随之变化，如“凡为客之道，深入则专。主人不克，掠于饶野，三军足食。谨养而无劳，并气积力，运兵计谋，为不可测。投之无所往，死且不北。死焉不得，士人尽力。兵士甚陷则不惧，无所往则固，深入则拘，不得已则斗。是故，其兵不修而戒，不求而得，不约而亲，不令而信，禁祥去疑，至死无所之。吾士无余财，非恶货也；无余命，非恶寿也。令发之日，士卒坐者涕沾襟，偃卧者涕交颐，投之无所往，则诸、刿之勇也”。孙武告诉我们，当军队越深入敌国腹地，军心就越团结，因此敌人就不易战胜我们。在敌人的丰饶地区掠取粮草，三军给养就有了保障。同时，要注意休整部队，不要过于疲劳，保持士气，养精蓄锐。巧设计谋布置，让敌人无法判断。将部队置于无路可走的绝境，士卒就会宁死不退。士卒既能宁死不退，那么他们怎么会不殊死作战呢！当士卒深陷危险的境地，他们就不再有恐惧了，一旦无路可走，军心就会更加牢固。深入敌境，军队就不会离散。遇到迫不得已的情况，军队就会殊死奋战。

因此，无须整饬就能注意戒备，不用强求就能完成任务，无须约束就能亲密团结，不待申令就会遵守纪律。禁止占卜迷信，消除士卒的疑虑，他们至死也不会逃避。士卒没有多余的钱财，并不是不爱钱财；士卒置生死于度外，也不是不想长寿。当作战命令颁布时，坐着的士卒泪沾衣襟，躺着的士卒泪流满面，但把士卒置于无路可走的绝境，他们就都会像专诸、曹刿一样的勇敢。孙武的这一思想非常重要，他告诉我们但凡事物的存在，都是存在于特定的时间空间中，没有脱离时空而一成不变的规律。

《行军》篇说："卒未亲附而罚之，则不服，不服则难用。卒已亲附而罚不行，则不可用。故令之以文，齐之以武，是谓必取。"这里孙武说的是治军方法。如果士卒还没有从情感上亲近依附时，就执行惩罚，那么他们会不服，不服就很难使用。士卒已经亲近依附，如果违法而不执行军纪军法处罚，这样的军队也不能用来作战。所以，要用怀柔宽仁使他们思想统一，用军纪军法使他们行动一致，这样就必能取得部下的敬畏和拥戴。孙武所论述的治军原则是既不能简单以情感治军，也不能简单以制度管理，这一思维方法即是上文写到的"执中"而不落两边的方法。

就《孙子兵法》的读法，可以作一个简单的概括。

一、道与器的关系问题。道在器中，器不离道。我们从《孙子兵法》里那些具体的谋略之术当中，读出了“道”，道可以驾驭术。如果没有道驾驭术，那些谋略诡诈之术的破坏作用将是巨大的。时下的人读《孙子兵法》更多的是关注谋略之术，这是本末倒置。《易经》中说的“厚德载物”的思想值得我们深思，一个没有自我道德的约束，没有民族、国家、社会责任的企业家、政治家，必然走向歧途，这在当今的转型社会里屡见不鲜。

二、与西方哲学所推崇的二分方法看事物观念不同，中国文化传统中，始终贯彻的思维方法是“一分为三”。我认为中国文化传统的思维方法，与道德修养又是紧密关联的，如“内圣外王”“圣智”等，应该都是与“中庸”崇尚德与智并行的观念一致的，这也是所谓的“大德必有大智”。《孙子兵法》中的思维方法，与孙武的人文道德关怀是分不开的。

解读《孙子兵法》的书很多，我特别推荐郭化若先生的《孙子译注》和北京大学中文系李零先生的《兵以诈立：我读孙子》。我建议还是先读原著，然后再读译注的书，就会有自己的体会。我觉得在社会转型时代，还是要回到经典时代，还要读经典原典。在经典中，每个人有了自己的阅读方法，带着自己的经历去读，都会在经典中找到启发自己的数据。在这个浮躁的时代，我想我们应该要回到经典的时代了。

王守常

2022 年 1 月 16 日于北京

目　录

第一篇　作者孙武与兵家

一、兵圣孙武

（一）孙武生活的时代

公元前400年前后，人类历史迎来了一个思想大爆发的时代。在世界各地，诞生了一批伟大的思想家，他们从不同角度对这个世界进行思考，写下了许多流传后世、影响人类几千年的经典著作。

比如，在公元前6世纪的古印度，释迦牟尼创建了博大精深的佛学体系；在公元前4世纪的古希腊，出现了柏拉图、亚里士多德等伟大的哲学家；此时的中国，正处于春秋战国时期，是思想上百家争鸣的繁荣时期，老子、孔子、孙武、墨子等都为我们留下了不因时间而磨灭的思想财富。《孙子兵法》就产生于这一时期。在之后的两千多年里，《孙子兵法》不但作为兵书流传于后世，而且其影响力也扩展到各行各业，传播到其他国家和地区，成为中华文化中颇具代表性的著作。《孙子兵法》的诞生，与其作者的出身、经历有着密不可分的关系。下面，我们就先来了解一下“兵圣”孙武所处的时代。

孙武生活在春秋时期，那是中国历史上一个大变革的时代。

“春秋”得名于孔子所编的鲁国史书《春秋》。这部编年史纪事起于鲁隐公元年（前722），终于鲁哀公十四年（前481）。现在通常以公元前770年周平王东迁为春秋时期的开端，以公元前475年智伯任晋国正卿为战国时期的开端，公元前476年则为春秋时期的尾声。关于春秋战国的历史分期，学术界还有其他观点，这里不再赘述。总而言之，春秋时期在政治上最显著的特点是周王室的衰落和诸侯争霸。从全天下的视角来看，天子的权威旁落于诸侯；从一国的视角来看，国君的权威旁落于卿大夫，甚至出现了卿大夫的家臣执掌国政的情况。当时恃强凌弱、弑君篡位的事件频发，用儒家的话说就是“礼崩乐坏”“春秋无义战”。

在这个不到三百年的动荡时代，先后出现了齐桓公、晋文公、宋襄公、秦穆公、楚庄王、吴王夫差、越王勾践等实力强大、称霸一时的诸侯。据不完全统计，仅从周顷王元年（前618）到周敬王元年（前519）这一百年的时间里，见于记载的规模较大的战争就超过了一百六十次。

诸侯争霸、兼并战争的日益频繁，也带来了作战方式的不断变新与发展，每一次战争都是残酷的，人们也不断从中总结经验教训。据《左传·僖公二十二年》记载，宋襄公因妇人之仁在泓水败于楚成王，事后他为自己辩驳道："君子不重伤，不禽二毛。古之为军也，不以阻隘也。寡人虽亡国之余，不鼓不成列。"大概上古作战的原则是不攻击受伤的敌人、不擒获年老的敌人、不利用险阻地形与敌人作战、不攻击没有列好阵形的敌人。公子目夷（字子鱼）开门见山地批评国君"未知战"，也就是不懂兵法，并逐一驳斥了上述迂腐的作战原则，说："如果不想伤害敌人，还不如一开始就不交战；如果不想擒获老者，还不如向他们投降。"由此可见，春秋时期的军事思想也在发生翻天覆地的变革。

除此之外，《左传·庄公十年》有"曹刿论战"之事，提出了"一鼓作气，再而衰，三而竭"的观点。《论语·卫灵公》还记载了一则小故事，孔子周游列国来到卫国，卫灵公闻其贤名，问他兵阵之事。孔子却说："俎豆之事，则尝闻之矣；军旅之事，未之学也。"他只想谈论陈设俎豆的礼乐之事，而不想谈论用兵打仗的军旅之事。其实古人尚武，当时贵族所学的"六艺"中，射、御都与作战有关。孔子精通"六艺"，任鲁国司寇期间又组织过"堕三都"的军事行动，并非不知兵之人。

所以早在孙武之前，中国的兵法就有了一定程度的发展，还出现了专门性的兵书，见于史籍记载的有《军志》《军政》《司马法》《令典》等。虽然这些书从内容上看大部分属于军法，但正是它们与现实中发生的战争一起丰富了《孙子兵法》的理论基础。同时，春秋时期文化的下移、思想的解放也为兵学理论的总结和阐发创造了便利的客观条件。

（二）孙武生平

在《荀子》《韩非子》《尉缭子》《史记》《战国策》《越绝书》等古代文献中，都可见到《孙子兵法》引文和孙武生平的相关史料。当然，在汉代以后的典籍中也有许多记载，只是这些早期文献的史料价值更高。

《荀子·议兵》有“善用兵者，感忽悠暗，莫知其所从出，孙、吴用之，无敌于天下”之语，《韩非子·五蠹》有“境内皆言兵，藏孙、吴之书者家有之”之语，可见战国时期人们常以孙武、吴起并称，为善于用兵者的代名词。

关于孙武的生平，《史记·孙子吴起列传》是其最早的传记。可知孙子名武，是春秋末期齐国人，生卒年难以确定，大约与孔子处在同一时代。孙武撰有兵法十三篇，以此求见吴王阖闾，在经历了“吴宫教战斩美姬”这一戏剧性的面试之后，他终于受到重用，在吴国讨伐楚国的战争中立下大功。《吴太伯世家》和《伍子胥列传》中也有类似的记载。

然而《史记》语焉不详，在孙武的传记后又附有孙膑的事迹，且《汉书·艺文志》录有《吴孙子兵法》八十二篇和《齐孙子》八十九篇，今本《孙子兵法》则仍为十三篇。宋人所编的《新唐书·宰相世系表》和《古今姓氏书辩正》对孙武的家族谱系有比较详细的记载，然而与《左传》等信史多有抵牾之处，后世学者对此莫衷一是。著名历史学家钱穆总结历代学者的观点，在《先秦诸子系年》中的《田忌邹忌孙膑考》一文中，称孙武、孙膑为同一人。

1972 年，山东临沂银雀山汉简的出土，终于可以证明孙武、孙膑并非同一人，两人各自著有兵书。

通过上述材料，我们可以大体了解孙武的人生经历。

孙武的家族出自齐国田氏，田氏的祖先是虞舜的后代胡公满。周武王伐纣之后，封胡公满于陈国。陈国传位到宣公时，发生了内乱，陈厉公之子公子完逃奔齐国，称陈氏。古代“陈”与“田”相通，如“田”字在《说文解字》中的解释就是“陈”，所以陈氏又称田氏。田完的后代在齐国繁衍生息，其四世孙田桓子在齐景公时以大斗贷出、小斗收进的手段拉拢人心，并通过一系列政治斗争打击异己，使田氏逐渐成为显赫的大家族。田桓子的儿子田书伐莒有功，被封于乐安，别为孙氏。据《新唐书·宰相世系表》和《古今姓氏书辩正》，孙书生孙凭，孙凭生孙武。

当时的齐国也有君权旁落、大夫专权的情况，国政完全由田、鲍、国、高、崔、庆等几大家族掌控，时常发生内部争斗。孙武可能就是在某次政变中，为避难而流亡吴国。他在这种险象环生的斗争环境中成长起来，从而锻炼了善于应变的机智才能。同时，因为孙武的祖辈都精通军事，同族还有田穰苴这种善于治军的良将，这无疑为他继承和发扬先人的军事思想提供了良好的条件。

齐国是西周开国功臣太公望的封地，相传《六韬》《阴谋》等军事谋略书就与他有关。春秋时期，又有名相管仲辅佐齐桓公成就霸业，留下了非常丰富的军事遗产。齐国一跃成为当时天下的政治、经济、文化中心，成为豪杰云集的地方。这样的社会环境，也为孙武的军事研究提供了理论支持，使他能够在青年时代就成为学识渊博的军事人才。

此后，孙武、伍子胥共同辅佐吴王阖闾、夫差父子击败楚、越等国，成为南方的霸主。伍子胥因劝谏夫差不成，被逼自尽，而孙武的事迹却不见于史籍。后人推测，他可能像范蠡一样，在功成名就时就归隐山林了。《越绝书》说："巫门外大冢，吴王客齐孙武冢也。"

唐代孙处约、孙起、孙壬林等人的墓志铭中自称孙武之后，然而在记述祖先世系时，却说这一支孙氏出自卫国。卫武公之子惠孙，他的后代以祖先的名字为氏，称孙氏，为卫国强族，其中孙良夫、孙林父的事迹见于《左传》。孙林父任卫国上卿，与吴国公子季札有交情，然而为人专横，得罪了卫献公，导致孙氏在卫国失势。若孙武出自孙林父家族，他在此时出奔吴国，也是有可能的。

（三）兵法十三篇

《史记·孙子吴起列传》明确记载："孙子武者，齐人也，以兵法见于吴王阖闾。阖闾曰：'子之十三篇，吾尽观之矣。'"然而《汉书·艺文志》却著录："《吴孙子兵法》八十二篇，图九卷。"又见《隋书·经籍志》著录："《孙子兵法》二卷，吴处士沈友撰；又《孙子八阵图》一卷，亡。"《汉志》与《隋志》是中国目录学的重要文献，记录了唐代以前典籍的流传情况，这些书目都是著录者在当时所见书籍的实录。

《孙子兵法》本为十三篇，汉成帝时，步兵校尉任宏论次兵书，编成《吴孙子兵法》八十二篇，图九卷。这就是《汉志》所录的《孙子兵法》。

《新唐书·艺文志》则著录："《孙子兵法》十三卷，孙武撰，魏武帝注。"曹操注解《孙子兵法》时，删除了十三篇以外的附益文字，基本保留了这部兵书的原貌。这大概就是我们今天所见《孙子兵法》的蓝本。

据银雀山汉简，其中有不少《孙子兵法》佚文，可能就出自附益的六十九篇。当然，《孙子兵法》自春秋末期问世以来，传至唐宋，已经历千余年，其中难免有后人篡入的文字，但却无法磨灭这部兵书的价值。

《孙子兵法》对后世影响巨大，历代注家众多。其中以曹操注最为著名。他说："吾观兵书战策多矣，孙武所著深矣。”唐宋时，《孙子兵法》出现了多种单注本、集注本，《崇文总目》著录的有萧吉、贾林、何延锡等家，《郡斋读书志》记录的有李筌、杜牧等家，其中梅尧臣、何去非等三家为单行本。

除曹操单注本外，有两种注本流传最广：一是《十一家注孙子》，源自《宋史·艺文志》著录的《十家孙子会注》，注家包括汉末曹操，南朝梁孟氏，唐朝李荃、杜牧、陈皞、贾林，宋代梅尧臣、王皙、何廷锡、张预之，至此为十家注，再加上唐杜佑《通典》中《孙子》引文注，共为十一家注，主要版本为南宋刻本、明道藏本、清孙星衍校注本等；二是《武经七书》本，即宋神宗诏令以《孙子兵法》《吴子兵法》《司马法》《尉缭子》《六韬》《三略》《李卫公问对》定为武学教本，称《武经七书》，注本主要有南宋施子美《武经七书讲义》、明刘寅《武经七书直解》、清朱墉《武经七书汇解》等。

另外，明赵本学的《孙子书校解引类》和清孙星衍的《孙子十家注》也是比较优秀的版本。

（四）《吴孙子兵法》《齐孙子兵法》辨

《汉书·艺文志》著录有《吴孙子兵法》和《齐孙子兵法》，魏晋以后却只有一种《孙子兵法》流传于世，再加上各类文献对孙子生平的介绍语焉不详，导致历代学者长期以来将两位孙子误认为同一人。对此，前文已经提及，这里将对这一问题予以详述。

《史记·孙子吴起列传》说："孙武既死，后百余岁有孙膑。膑生阿、鄄之间，膑亦孙武之后世子孙也。"司马迁在《报任少卿书》中又说："孙子膑脚，兵法修列。"可知战国时期齐国的"孙子"为受膑刑之人，其名不详，也有兵法传世，即《汉志》所录《齐孙子》，而八十九篇、图四卷应该也有后人附益的篇章。

曹操注解《孙子兵法·九地》"投之亡地然后存，陷之死地然后生"一句时，引用了孙膑的话"兵恐不投之死地也"。而《孙膑兵法》在《隋书·经籍志》以后就已不再见于著录了，唐人的著作中虽然也有零星引用孙膑之语的情况，但是很可能转引自其他文献。因此，这部兵书应该亡佚于魏晋南北朝时期。

到了宋代，就开始有学者质疑《孙子兵法》的作者和成书年代。北宋梅尧臣为《孙子兵法》作注，认为"孙子"可能确有其人，但此书为"战国相倾之说也"，并非"孙子"所作。南宋叶适在《习学记言序目》中则认为《孙子兵法》是春秋末至战国初"山林处士"所作，理由是《史记》称该书有十三篇，《汉志》却称八十二篇，显然是前后矛盾的。另外，既然"孙子"为吴王阖闾时人，其事迹为何不见于《左传》？清末民初时，梁启超也认为《孙子兵法》"未必孙武所著，当是战国人依托"。日本汉学家斋藤拙堂的《孙子辨》认为孙武、孙膑为同一人，历史学家钱穆也持相同观点。清代牟庭相甚至认为"孙子"即伍子胥。

另外，也有持相反论点者，如明代宋濂在《诸子辨》中说："春秋时，列国之事赴告者则书于策，不然则否。二百四十二年之间，大国若秦、楚，小国若越、燕，其行事不见于经传者有矣，何独武哉?"这一看法颇有见地，因"孙子"在吴军中主要扮演军师角色，辅佐伍子胥，就像孙膑辅佐田忌，所以史书对两位孙子的记载都不多，却并不代表二人不存在。

历史上的争论，在20世纪70年代得到了彻底解决。1972年，在山东临沂银雀山汉墓中出土了《孙子兵法》《孙膑兵法》竹简。此次发现的《孙子兵法》是现存最早的《孙子兵法》写本。根据考证，这些竹简随葬入土的时间大约是汉武帝时期，书写年代可能追溯到秦或汉代文景之际。竹简以墨书写，隶书体，每简约三十五字，简与简之间以三道编绳连缀在一起。《孙子兵法》为上、下编两部分，上编与传世本十三篇的内容大体一致，现存共一百五十三枚；下编包括《吴问》《四变》《黄帝伐赤帝》《地形二》《见吴王》五篇佚文，任宏所编的八十二篇可能就取材于此。《孙膑兵法》也分为上、下编，按《孙子兵法》体例，上编可能为孙膑本人所作，包括《擒庞涓》《见威王》《威王问》《陈忌问垒》等十五篇；下编大概为其弟子、后学所作，或者是秦汉间的兵家杂著，在西汉时与原书合编在一起。

这批竹简的出土及相关研究，基本上为《吴孙子兵法》《齐孙子兵法》之辨下了定论，不但孙武、孙膑各有其人，而且《孙子兵法》与《孙膑兵法》也各有其书。

二、兵家源流

（一）时势造英雄

《孙子兵法》的诞生并非偶然。自从人类社会出现贫富分化以来，战争就成了政治、经济矛盾不可调和时主要的解决问题方式。频繁的军事活动为一些热衷于研究克敌制胜之道的人提供了丰富的素材。《左传》中提到了《军政》《军志》等古代兵书，流传至今的《六韬》据说也是辅佐周文王、武王的太公吕尚所作，尽管学术界对此存疑，但以太公的经历和才能来看，他将自己的毕生所学写成一部兵书也是情理之中的事。

我们可以将原始社会末期到夏、商、西周划为兵法的萌芽期，春秋战国则是兵法的成熟期，这与当时的社会背景有着密切的关系。

武王伐纣、周公东征以后，为了重建社会秩序，周王室颁行了一套礼乐制度，规定了社会各阶层的行为规范，并以血缘宗法为纽带维系人与人之间的关系。这套制度规定，天子为天下共主，即所谓“溥天之下，莫非王土，率土之滨，莫非王臣”。天子分封宗室子弟、有功之臣、前代贵族等为诸侯，诸侯国内又分封卿大夫。天子、诸侯、卿大夫之位皆由嫡长子继承，其余诸子只能降等分封。例如，诸侯的庶子为大夫，大夫的庶子为士。士没有封地，是等级最低的贵族，士的儿子永远为士。

到了春秋战国时期，士的群体已经非常庞大，旧的宗法分封体制开始瓦解，无恒产的士就与平民无异了。这些人却掌握着大多数平民所没有的文化知识，开始为生计而授徒讲学，于是打破了官府的文化垄断，孔子就是开先河的人物。

当时讲学之风蔚然，这也导致了士阶层迅速扩大。各国不得不重视这股新生力量，并出现了一种“礼贤下士”的风气。不但统治者延揽、敬重贤士，以谋富国强兵，一些有权势的大臣也喜欢“养士”，最著名的当属“战国四公子”和秦国的吕不韦。他们所养的士，或为主人出谋划策、奔走游说；或代主人著书立说，如信陵君手下的门客为他编写了《魏公子兵法》，吕不韦的门客为他编写了《吕氏春秋》。士的地位空前提高，在学术上形成了“百家争鸣”的局面。

与儒家、道家、墨家相比，兵家、法家、纵横家更具实用性，更容易为当时急功近利的统治者所接受。军事理论的发展，与那个政治动荡、战争频繁、学术争鸣的时代有着密切的关系。当时，周天子的权威急剧衰落，不但无法正常地向各国发号施令，并且在军事、经济甚至政治上都要依赖一些比较有势力的诸侯国，而那些有野心的诸侯也都打着“尊王攘夷”的旗号争当天下霸主。

这种群雄争霸的局面所产生的最直接影响：一方面是政治上的，即各国为了壮大自身实力，开展了一些有效的变法和改革；另一方面则是军事上的，各国之间经常爆发激烈的军事冲突，由于缺少强大的权威来控制局面，导致短短二百多年的春秋时期，总计爆发了四百八十多次战争（据《左传》统计）。这些战争既包括诸侯国之间的相互攻伐，也包括周王室与诸侯国或周边少数民族之间的冲突，以及诸侯国内部的各种争斗。各国出于自身的生存、发展和争霸的需要，争相广揽军事贤才，鼓励创立军事新说，这就为兵家和兵书的登场提供了广阔的舞台。

一些军事家（如春秋时的司马穰苴、孙武，战国时的孙膑、吴起、赵奢、白起、尉缭等）在亲自参与军事活动的过程中，在谍报、后勤、治军、作战等环节中研究制胜的规律，总结军事方面的经验教训，并将其诉诸文字，直接催生了《孙子兵法》《吴子兵法》《尉缭子》等军事著作。

（二）兵家的分类

《汉书·艺文志·兵书略》著录东汉以前兵家著作五十三家，七百九十篇，图四十三卷。按照秦汉以前兵书的基本内容和主要特征的不同，分为四类，分别是兵权谋家、兵形势家、兵阴阳家、兵技巧家。吕思勉在《先秦学术概论·兵家》中说：“阴阳、技巧之书，今已尽亡。权谋、形势之书，亦所存无几。大约兵阴阳家言，当有关天时，亦必涉迷信。兵技巧家言，最切实用。然今古异宜，故不传于后。兵形势之言，亦今古不同。唯其理多相通，故其存在，仍多后人所能解。至兵权谋，则专论用兵之理，凡无今古之异。兵家言之可考见古代学术思想者，断推此家矣。”

第一类，兵权谋家。有十三家，著作二百五十九篇，现在仅存《孙子兵法》《孙膑兵法》《吴子兵法》等，另外《六艺略·礼部》所收录的《军礼司马法》一百五十五篇、《诸子略·儒家类》所收录的《周史六弢》（与今本《六韬》有一定的渊源关系）等亦似应归入这一大类。这是兵家学派中最主要的一派。《艺文志》在对这一学派的特点进行总结时指出：“权谋者，以正守国，以奇用兵，先计而后战，兼形势，包阴阳，用技巧者也。”从这里可以看出，这是一个兼容各派之长的综合性学派，有学者认为，这一学派主要论述的是战略。

第二类，兵形势家。共十一家，九十三篇。按照现在通行的观点，这一派迄今仅存《尉缭子》一书。也有人主张今本《尉缭子》是《汉书·艺文志》所著录的“杂家”《尉缭子》，或为“兵形势家”与“杂家”两“尉缭”的混合体。这一兵家流派的基本特点是：“雷动风举，后发而先至，离合背向，变化无常，以轻疾制敌者也。”也就是主要探讨军事行动的运动性和战术运用的灵活性与变化性，也有学者认为这一学派主要论述的是战术。

第三类，兵阴阳家。共十六家，二百四十九篇。其中很多都是托名黄帝君臣的作品，如《黄帝》十六篇、《封胡》五篇、《风后》十三篇等，现在几乎全都散佚。湖南长沙马王堆三号汉墓出土的帛书《经法》似可归入此类。这一学派的主要特点是："顺时而发，推刑德，随斗击，因五胜，假鬼神而为助者也。"这表明它非常看重"时"，注意研究天候、地理与战争的关系，极有可能和范田以及黄老学派关系密切。

第四类，兵技巧家。共十三家，一百九十九篇。现已全部散佚，只有个别著作的零星内容，比如《伍子胥水战法》等，散见于《太平御览》等政书、类书、丛书。这一兵学流派的主要特点是："习手足，便器械，积机关，以立攻守之胜者也。"这表明，武器装备和作战技术，包括设计、制造攻守器械和学习使用器械的技术方法、军事训练等是该学派所关注的。《墨子》中有关于"城守"的专论，也可以归入这一大类。

汉代以前，虽然兵家得到了统治者的重视和利用，但它只是作为一种技艺性的军事学从诸子学中剥离出来，子学特色淡化，而军事学特点强化，作为子学之兵家逐渐衰微。汉以后的兵家更多的是作为军事学科在发展和演变，由先秦时代的将政治、军事、学术、文化糅合为一的兵家学说，逐渐演变为单纯的军事理论、军事技术。

（三）历代著名兵书

从先秦至清末，历代兵书浩如烟海，据统计，仅流传至今的兵书就有五百多种。1988 年，解放军出版社出版的《中国兵书知见录》，按历史朝代顺序编排，收录了军事理论、用兵方略、兵制、兵器、名将传、军事地理、军事后勤、兵法史，以及军事丛书等兵书目录 3380 部 23503 卷，其中存世兵书 2308 部 18567 卷。与此同时，在考古发现中还不断有兵书简牍出土。此外，在古代的经、史、子、集等各类典籍中也有很多专门谈论兵法的精彩篇章和段落。这些军事方面的著作以及各类典籍中的篇章、段落，不仅在统兵作战、培养将帅方面发挥着重要作用，在政治、外交、经济和社会生活中也都产生了巨大的影响。

北宋元丰年间，宋神宗命人将《孙子兵法》《吴子兵法》《司马法》《李卫公问对》《尉缭子》《三略》《六韬》汇编成《武经七书》。这是我国古代第一部由官方发行的军事教科书。全书共二十五卷，分七种：《孙子》三卷、《吴子》两卷、《司马法》三卷、《唐太宗李卫公问对》三卷、《尉缭子》五卷、《黄石公三略》三卷、《黄石公六韬》六卷。自宋朝以后，《武经七书》被奉为武学经典，是历朝历代军事学校和考选武举的基本教材。值得一提的是，“七书”之名，比儒家的经典“四书”还要早。“七书”之中，《孙子兵法》早就被公认为兵法之祖，而其他六书虽然也可以说是“一家之言”，有其可取之处，但与《孙子兵法》相比，难免相形见绌。现将其余六书简介如下：

（1）《吴子兵法》，相传为战国初年军事家吴起所著，战国末年时开始流传于世。《汉书·艺文志》称为“吴起四十八篇”，《隋书·经籍志》《新唐书·艺文志》均载为一卷。今有《续古逸丛书》影宋本及明、清刊本，分为上、下两卷，共包括图国、料敌、治兵、论将、应变、励士六篇。《吴子兵法》是在战国时期封建制度确立、古代战争和军事思想发生明显变化的情况下写成的。此时，军队中已经开始广泛应用铁兵器和弩箭，甚至骑兵也已出现。这些使当时的作战方式发生了明显的变化。《吴子兵法》可以说是新兴地主阶级的战争理论、军队建设、作战指导观点和思想方针。唐将李光弼评价其“严而贵勇”；宋人苏洵评价说：“吴起与武……皆著书言兵，世称之曰‘孙吴’，然而吴起之言兵也，……草略无所统纪，不若武之书词约而意尽，天下之兵说皆归其中。”

（2）《司马法》，春秋时期重要军事著作。据《史记·司马穰苴列传》记载：“齐威王使大夫追论古者司马兵法而附穰苴于其中，因号曰《司马穰苴兵法》。”书中论述了统率军队和指挥作战的经验，反映出春秋战国时期的一些军事制度和战争观点，是对早期兵法理论的继承和总结，也是中国古代战争实践经验的理论概括，历来为兵家所重视。据荀悦《申鉴·时事》记载，汉武帝“置尚武之官，以《司马兵法》选，位秩比博士”。司马迁《史记·司马穰苴列传》认为，《司马法》“闳廓深远，虽三代征伐，未能竟其义，如其文也”。《汉书·艺文志》记载，当时《司马法》共一百五十五卷。东汉时期，马融、郑玄、曹操等都在自己的著作中引用《司马法》。其中记载了西周和春秋时期的军制。从魏晋至隋唐，杜预、贾公彦、杜佑、杜牧等对《司马法》也都很尊崇。

(3)《唐太宗李卫公问对》，又称《李卫公问对》《李靖问对》。唐代著名军事家李靖撰，是唐太宗李世民与李靖讨论军事问题的言论辑录。此书有人怀疑是北宋阮逸伪作，因为此书在史书《旧唐书》和《新唐书》中并无记载，只在《通典》中曾经提到。所以后人认为是阮逸在《通典》的基础上附会而成，书中对奇正、攻守、主客之道多有论述，偶有真知灼见。

(4)《尉缭子》，有《续古逸丛书》影宋本及明、清刊本等存世，五卷，二十四篇，九千余字。另有《群书治要》所辑四篇，山东临沂银雀山汉初墓出土残简六篇，与其他版本相应之篇大同小异。《隋书·经籍志》注称《尉缭子》作者为尉缭，梁惠王时人，有疑为秦王嬴政时尉缭所作，也有疑为后人伪托。据现有资料推断，成书似在战国中期。《尉缭子》从人性论的角度提出了不少精辟的治国思想，如“民非乐死而恶生也”，“委积不多则士不行，赏禄不厚则民不劝，武士不选则众不强，器用不便则力不壮，刑赏不中则众不畏”，最后一句话可以作为尉缭子经国治军思想的总纲领。书中主张治国应当使人无欲，无欲则没有争夺，没有争斗就没有犯罪和战争，那么天下就太平了，即“反本缘理，出乎一道，则欲心去，争夺止，囹圄空”。

(5)《六韬》，又称《太公兵法》，据说是西周开国功臣太公望所著，但后世学者普遍认为是伪作，其真实作者已不可考。学术界通常认为此书成于战国时代。全书以太公与文王、武王对话的方式编成。据《汉书·艺文志》记载，《太公》共有二百三十七篇，其中《谋》八十一篇，《言》七十一篇，《兵》八十五篇。清沈钦韩说，《谋》者即太公之《阴谋》，《言》者即太公之《金匮》，《兵》者即《太公兵法》。《隋书·经籍志》明确记载："《太公六韬》五卷，周文王师姜望撰。"1972 年，在山东临沂银雀山西汉古墓发现的大批竹简中，就有书写《六韬》的五十余枚，这证明《六韬》至少在西汉时就已经广泛流传。《六韬》是一部集先秦军事思想之大成的著作，主张柔弱胜刚强、韬晦不露和安静玄默，同时通过周文王、武王与吕望对话的形式，论述治国、治军和指导战争的理论、原则，对后代的军事思想有很大的影响，被誉为兵家权谋类的始祖。司马迁《史记·齐太公世家》称："后世之言兵及周之阴权，皆宗太公为本谋。"《六韬》在 16 世纪传入日本，18 世纪传入欧洲。

(6)《三略》，又称《黄石公三略》，相传作者为汉初道家隐士黄石公。最早提及此书的是《史记·留侯世家》。西汉开国功臣之一的张良早年刺杀秦始皇未成，遭追捕，被迫隐姓埋名藏匿于下邳（今江苏邳州市），在这里遇见一位自称黄石公的老者，授其一部《太公兵法》，即《黄石公三略》。张良得到此书之后潜心研究，后来终于帮助刘邦夺得天下，建立了西汉政权。但据考证，《黄石公三略》的成书当不早于西汉中期，它是后人在吸收先秦优秀军事思想的基础上，总结秦汉初政治统治和治军用兵的经验，假托前人名义编纂而成的，其中有许多独到的见解。《三略》分上略、中略、下略三部分，共三千八百余字。与前代兵书不同，它是一部专论战略的兵书，尤其侧重阐述政略，这是该书的一个显著特点。《三略》的另一个特点，是大量引用古代兵书《军谶》《军势》中的内容来表达自己的思想，共引用了七百余字，占全书的六分之一以上，也因此为后人保留了这两部已佚兵书的部分精华。

《武经七书》颁行后，成为宋、元、明、清历朝军事学校和考选武举的基本教材。南宋规定，武学生必须学习兵法。明朝开国皇帝朱元璋因军事斗争和教学之急需，命令兵部刻印《武经七书》发给有关官员和高级将领及其子孙学习。《武经七书》的宋刊本曾被日本人买去，于是自17世纪以来，在日本出现了多种重刊本、翻译本和注解本。《武经七书》中的头两部兵书《孙子兵法》《吴子兵法》在欧、亚、美流传更广，可见《武经七书》在国外的影响之大。

除《武经七书》之外，历代影响较大的兵书还有《握奇经》《太白阴经》《虎钤经》《武编》《武备志》《纪效新书》等。

《握奇经》，又名《握机经》《幄机经》，是关于八阵布列的兵书，一卷，仅三百余字。相传其经文为黄帝时风后所撰，显然是后人伪托之作。该书始著录于《宋史·艺文志》，成书时间当在唐代以后。书中专论阵法，阐述“奇正”关系，对研读其他兵书，有一定参考价值。

《太白阴经》，又称《神机制敌太白阴经》，唐代宗时河东节度使都虞候李筌撰。全书共十卷，每卷分为若干篇，共计一百篇。在体例上，每篇先以“经曰”引出观点，继而摘录兵学著作，或选取历代战例加以阐述。全书分为兵法、军礼、兵器、战备、阵法、占候六部分，以兵法为核心，辅之以其他内容，构筑起一套相对完整的兵学体系，为后世修撰兵学类编提供了范本，是一部比较全面反映晚唐以前军事状况的综合性兵书。

《虎钤经》，北宋许洞撰。“虎”即“虎符”，“钤”即“锁钥”，《虎钤经》即为开启兵符锁钥之经。全书共二十卷二百一十论，始撰于宋太祖建隆二年(961)，成书于宋真宗景德元年（1004），吸收了《孙子》和《太白阴经》的精华，使之更加通俗易懂。《虎钤经》根据天时人事的变化加以推衍，既祖述古人，又有作者的见解。其中奇谋诡道，只要合乎兵家要旨，就广为搜罗，不受“六经”束缚。

南宋时期，主战派群臣多著兵书，如《江东十鉴》《江东十考》《南北十论》等，但大都华而不实，只有辛弃疾所作《美芹十论》能够审时度势，提出一些建设性意见，可惜并没有得到采用。

明代学者也喜谈兵法，明初兵书整体上受《武经七书》的影响，体例上以汇编为主，内容既繁杂又缺少新意。总体来看，只有唐顺之的《武编》、茅元仪的《武备志》和俞琳的《经世奇谋》堪称佳作。其中《经世奇谋》为纂类中的珍本，分备患、知机、拯危等十九类，引录历代战史故实，并标以子目，选材精当，结构谨严，不过此书在后世流传甚少，寻常书目中并无著录。

明朝中叶，武备废弛，海盗作乱，名将戚继光著《练兵实纪》《纪效新书》。其中，《练兵实纪》内容广泛，涉及兵员选拔、部伍编制、旗帜金鼓、武器装备、将帅修养、军礼军法、车步骑兵的训练和作战等各个方面，“乃集所练士卒条目”汇辑而成，类似军中各种条例、法令的汇编。这些条款，比较充分地反映了戚继光在东南沿海抗倭时练兵、作战的思想。《纪效新书》紧密结合东南沿海的地形、敌我双方的优缺点，论述了练兵的必要性和重要性，提出了一套比较完整的练兵理论和备战计划。书中配有大量形象逼真的军械旗帜、阵法招式的插图，尤其详细地记述了戚继光发明的鸳鸯阵。

清朝建立之后，沿袭宋、明旧制，颁行《武经七书》，武科又用以取士，所以基本上在忙着为历代兵书注疏，著作上再无创新，是中国古代兵法的衰败期。

第二篇　《孙子兵法》译注

始计第一

［题解］

《孙子兵法》各版本篇卷体例颇有异同。“十家注”“十一家注”系统各本只有篇名，而无篇次，本篇作“计篇”。以下各篇仿此，不再出校。

本篇主要论述如何谋划以及谋划在战争中的重要意义。孙武认为，在战争中必须根据利害关系和不断变化的形势进行研究和谋划，采取机动灵活的措施，做到“攻其无备，出其不意”地打击敌人。谋划周密就有可能在战争中获胜，谋划不周难以获胜，根本不进行谋划肯定要失败。

此外，战前必须对敌对双方的基本条件作周密的研究和比较，以便制订正确的作战计划。而对决定战争胜负的“道”（道义）、“天”（天时）、“地”（地利）、“将”（将帅）、“法”（法制）比较清楚了，就可以判断战争的胜负。

孙子曰：兵[1]者，国之大事，死生之地，存亡之道，不可不察[2]也。

［注释］

1 兵：兵器、兵士、军队、战争等。这里指战争。

2 察：考察、研究。

［译文］

战争是国家的大事，关系到百姓和国家的生死存亡，是不可不认真考察。

故经之以五事[1]，校之以计而索其情[2]：一曰道，二曰天，三曰地，四曰将，五曰法。道者，令民与上同意[3]，可以与之死，可以与之生，而不畏危[4]。天者，阴阳、寒暑、时制[5]也。地者，远近、险易、广狭、死生[6]也。将者，智、信、仁、勇、严[7]也。法者，曲制、官道、主用[8]也。凡此五者，将莫不闻[9]，

知[10]之者胜，不知者不胜。故校之以计而索其情，曰：主孰[11]有道？将孰有能？天地孰得[12]？法令孰行？兵众孰强[13]？士卒孰练？赏罚孰明？吾以此知胜负矣。

[注释]

1 经之以五事：指从道、天、地、将、法五个方面分析研究战争胜负的可能性。经：量度，这里是分析研究的意思。

2 校之以计而索其情：比较敌对双方的各种条件，从中探求战争胜负的情形。校：通“较”，比较。计：这里指“主孰有道”等“七计”。

3 令民与上同意：使民众与国君意愿相一致。《荀子·议兵》：“故兵要在乎善附民而已。”也认为战争的胜利，关键在于取得民众的支持。

4 不畏危：不害怕危险。银雀山汉墓竹简《孙子兵法》（以下简称汉简《孙子兵法》）中此句为“民弗诡也”。

5 阴阳、寒暑、时制：阴阳：指昼夜、晴雨等天时气象的变化。寒暑：指寒冷、炎热等气温的不同。时制：指四季时令的更替等。

6 远近、险易、广狭、死生：这里指路程的远近、地势的险阻或平坦、作战地域的宽广或狭窄、地形是否利于攻守进退。汉简《孙子兵法》中此句为“地者，高下、广狭、远近、险易、死生也”。多“高下”二字。

7 智、信、仁、勇、严：这里指将帅的智谋才能、赏罚有信、爱抚士卒、勇敢果断、军纪严明等条件。

8 曲制、官道、主用：曲制：指军队组织编制等方面的制度。官道：指各级将吏的职责区分、统辖管理等制度。主用：指军需物资、军用器械、军事费用的供应管理制度。主：掌管。用：物资费用。

9 闻：知道、了解。

10 知：知晓，这里含有深刻了解、确实掌握的意思。

11 孰：谁，这里指哪一方。

12 天地孰得：曹操注“天时地利”。李筌注同，指哪一方得天时、地利。

13 兵众孰强：指哪一方的军队武器装备、物资保障更好。

［译文］

因此，要从以下五个方面分析研究，比较敌对双方的各种条件，以探求战争胜负的情形：一是道，二是天，三是地，四是将，五是法。所谓“道”，是指使民众与国君的意愿相一致，这样，民众在战争中就可为国君出生入死而不怕危险；所谓“天”，是指昼夜、晴雨、寒冷、炎热、四季更替；所谓“地”，是指路程的远近，地势的险阻或平坦，作战地域的宽广或狭窄，地形是否利于攻守进退；所谓“将”，是指将帅的智谋才能，赏罚有信，爱抚士卒，勇敢果断，军纪严明；所谓“法”，是指军队组织编制、将吏的统辖管理和职责区分、军用物资的供应和管理等制度规定。以上五个方面，将帅们没有不知道的。然而，只有深刻了解、确实掌握的才能打胜仗；否则，就不能取胜。因此要从以下七个方面来分析比较，以探求战争胜负的情形，就是说：哪一方的国君比较贤明？哪一方的将帅比较有才能？哪一方占据比较有利的天时地利条件？哪一方的法令能切实贯彻执行？哪一方的军队实力强盛？哪一方的士卒训练有素？哪一方赏罚严明？通过以上分析对比，就可以判明谁胜谁负了。

将听吾计[1]，用之必胜，留之；将不听吾计，用之必败，去之。

［注释］

1 将听吾计：一说，“将”作为“听”的助动词解，这样意为：如果能听从我的计谋；另一说，“将”指一般的将领，这样意为：将领们能听从我的计谋。

［译文］

如果能够听从我的计谋，指挥作战一定胜利，我就留下；如果不能听从我的计谋，指挥作战一定失败，我就离去。

计利以听[1]，乃为之势，以佐[2]其外。势者，因利而制权[3]也。

［注释］

1 计利以听：指有利的计策已被采纳。计：计策，这里指战争决策。以：通“已”。听：听从、采纳。

2 佐：辅助。

3 因利而制权：根据是否有利而采取相应的行动，也就是说，怎么对我有利就怎么行动。权：即根据情况，采取相应的行动。

［译文］

有利的计策已被采纳，还要设法造“势”，以辅助作战的进行。所谓“势”，就是根据情况是否有利而采取相应的行动。

兵者，诡道也[1]。故能而示之不能[2]，用而示之不用[3]，近而示之远[4]，远而示之近。利而诱之，乱而取之[5]，实而备之，强而避之[6]，怒而挠之[7]，卑而骄之[8]，佚而劳之[9]，亲而离之。攻其无备，出其不意。此兵家之胜[10]，不可先传[11]也。

［注释］

1　兵者，诡道也：用兵打仗是一种诡诈行为。诡：诡诈、奇诡。曹操注："兵无常形，以诡诈为道。"

2　能而示之不能：本来能攻，故意装作不能攻；本来能守，故意装作不能守；等等。示：示形，这里是伪装的意思。

3　用而示之不用：本来要打，故意装作不打；本来要用某人，故意装作不用他；等等。例如，公元219年，吴将吕蒙想乘蜀将关羽北攻樊城之机，夺取荆州。由于关羽对吕蒙有所戒备，仍留有重兵把守江陵、公安等地。吕蒙为了麻痹关羽，假称病重，孙权公开把他召回建业（今南京），并以"未有远名，非羽所忌"的陆逊来代替，以掩饰其夺取荆州的意图。后关羽果然放松了对荆州的防守，从江陵、公安调兵进攻樊城，吕蒙便乘机沿江而上，指挥吴军夺取了公安、江陵等地，很快攻取了荆州。

4　近而示之远：本来要从近处进攻，故意装作要从远处进攻；本来马上进攻，故意装作不马上进攻；等等。例如，公元前478年，越王勾践率军大举攻吴，吴王夫差率军迎击，双方于笠泽（今江苏吴江一带）夹水对阵。越军决定从当面渡江攻击，但为了隐藏企图，故意派出小股部队从距敌较远的左右两侧利用夜暗鸣鼓佯渡。夫差受骗，分兵迎战。越军主力便乘机渡江，出其不意地实施正面突击，大败吴军。

5 乱而取之：对处于混乱状态的敌人，要乘机攻取它。例如，公元 383 年，东晋军于洛涧（今安徽怀远南）大败前秦军，迫使秦军沿淝水西岸布阵，晋将谢玄利用秦主苻坚骄傲的心理，声称愿意渡河与秦军决一胜负，要求秦军先后退一步。苻坚也想利用这个机会诱使晋军渡河，乘其半渡而击之，于是命令部队稍向后退，但一退不可遏止，造成阵势混乱，晋军乘机抢渡淝水，大败秦军。

6 强而避之：对于强大的敌人，要暂时避开它。例如，公元前 154 年，汉景帝为平定七王之乱，派周亚夫率军东攻吴、楚。周亚夫见吴楚联军兵势强盛，难与争锋，采取了“以梁委之，绝其粮道”的谋略。于是进据昌邑（今山东金乡西北），避而不战，听任吴楚联军进攻梁军，以便利用梁地（今河南东部）拖住敌方。后进至下邑（今安徽砀山东），仍深沟高垒，坚壁固守。等到吴楚联军饥疲不堪而不得不撤退时，周亚夫才率军乘势追击，大破吴楚联军。

7 怒而挠之：挠：挑逗。这句是指对于易怒的敌将，要用挑逗的办法激怒他，使其失却理智，轻举妄动。例如，公元前 203 年，汉军趁项羽东攻彭越之机，围攻成皋（今河南荥阳西北）。楚将曹咎起先按照项羽“谨守成皋，若汉挑战，慎勿与战”的告诫，坚守不出。后来由于汉军连续挑战和辱骂，曹咎一怒之下便率部出击。汉军趁楚军半渡汜水时发起进攻，取得很大胜利。

8 卑而骄之：对于卑视我方的敌人，要设法使其更加骄傲，然后寻机击破。另一说，对敌人要示以卑弱，使其骄傲，放松戒备，从而利于攻击。

9 佚而劳之：佚：通“逸”。这句是指对于休整充分的敌人，要设法使其疲劳。例如，公元前 512 年，吴王阖闾准备大举攻楚，孙武认为时机尚未成熟，加以劝阻。吴王于是根据伍子胥的建议，把吴军分为三军，轮番袭扰楚军，连续六年忽南忽北地骚扰楚国边境，使楚军疲于奔命，为公元前 506 年的破楚入郢（今湖北江陵北）创造了条件。

10 胜：佳妙、奥妙。

11 不可先传：指不可事先具体规定，意指必须在战争中根据情况灵活运用。

［译文］

用兵打仗是一种诡诈的行为。因此，能攻而装作不能攻，要打而装作不要打，要在近处行动而装作要在远处行动，要在远处行动而装作要在近处行动。

对于贪利的敌人，要用小利引诱它；对于处于混乱状态的敌人，要乘机攻取它；对于力量充实的敌人，要加倍防备它；对于强大的敌人，要暂时避开它；对于易怒的敌人，要用挑逗的办法去激怒它；对于鄙视我方的敌人，要使其更加骄傲；对于休整得充分的敌人，要设法让其疲劳；对于内部和睦的敌人，要设法离间它。

要在敌人无准备的状态下实施攻击，要在敌人意想不到的情况下采取行动。这些都是军事家取胜的奥妙所在，不可事先加以具体规定。

夫未战而庙算[1]胜者，得算多[2]也；未战而庙算不胜者，得算少也。多算胜，少算不胜，而况于无算乎！吾以此观之，胜负见矣。

［注释］

1　庙算：古时候兴师作战，要在庙堂举行会议，谋划作战大计，预计战争胜负。

2　得算多：指计算周密，胜利条件多。算：计数用的筹码，这里引申为胜利条件。《孙膑兵法·客主人分》："众者胜乎？则投算而战耳。"这里的"算"，也是指计数的筹码。

［译文］

在开战之前，"庙算"能够胜过敌人的，是因为计算周密，胜利条件多；开战之前，"庙算"不能胜过敌人的，是因为计算不周，胜利条件少。计算周密，胜利条件多，可能胜敌；计算不周，胜利条件少，不能胜敌；而何况根本不计算，没有胜利条件呢！我们从这些方面来考察，谁胜谁负就可看出来了。

作战第二

［题解］

本篇篇题，孙校本作“卷二　作战篇”，《武经》各本则作“作战第二”，樱田本作“战篇第二”。李注亦只注“战”字。简本只作“作战”。诸本虽有小异，但顺序则均为第二。唯清邓廷罗《集注》则将其列为第三，而将传本之第三篇《谋攻》列为第二。李注云：“先定计，然后修战具，是以《战》次《计》之篇也。”故仍之。

本篇论述速战速胜的重要性。因为出兵打仗要损耗国家大量的人力、物力、财力，拖久了就会使军队疲惫、士气挫伤、财货枯竭，别的诸侯国会乘机进行进攻。从速胜的思想出发，孙武反对以当时简陋的作战武器去攻克坚固的城寨，也反对在国内一再征集兵员和调运军用物资，而主张在敌国就地解决粮草，主张用财货厚赏士兵，优待俘虏，用缴获来补充壮大自己。他认为这样做，才能迅速战胜敌人。

孙子曰：凡用兵之法，驰车千驷[1]，革车千乘[2]，带甲[3]十万，千里馈粮[4]。内外之费，宾客[5]之用，胶

漆之材[6]，车甲之奉[7]，日费千金，然后十万之师举矣。

［注释］

1 驰车千驷：驰：奔、驱。郑玄笺云：“驷，四马也。”曹操注：“驰车，轻车也，驾驷马。”此句意为套四匹马的轻型战车一千辆。

2 革车千乘：革车：《礼记·明堂位》：“革车千乘。”郑玄注：“革车，兵车也。”曹操注：“革车，重车也，言万骑之重。”杜牧注：“革车辎车，重车也，载器械、财货、衣装也。”此句意为装载军械物资的兵车千乘。

3 带甲：春秋战国时期称武装士卒为带甲。

4 馈粮：运送粮草。《周礼·玉府》郑玄注：“古者致物于人，尊之则曰献，通行曰馈。”

5 宾客：各国诸侯的使节及游士。

6 胶漆之材：张预注：“胶漆者，修饰器械之物也。”此言制造与维修弓矢等作战器械的物资。

7 车甲之奉：张预注：“车甲者，膏辖金革之类也。”此句意为千里行军车甲修缮的花费。

［译文］

孙子说：要兴兵作战，需做的物资准备有轻车千辆，重车千辆，全副武装的士兵十万，并向千里之外运送粮食。

那么，前后方的军内外开支，招待使节、策士的用度，用于武器维修的胶漆等材料费用，保养战车、甲胄的支出等，每天要消耗千金。按照这样的标准准备之后，十万大军才可出发上战场。

其用战也胜，久则钝兵挫锐[1]，攻城则力屈，久暴师则国用不足。夫钝兵挫锐，屈力殚货[2]，则诸侯乘其弊而起，虽有智者不能善其后[3]矣。故兵闻拙速，未睹巧之久也[4]。夫兵久而国利者，未之有也[5]。故不尽知用兵之害者，则不能尽知用兵之利也。

［注释］

1 钝兵挫锐：兵器钝坏，锐气受挫。梅尧臣注："兵杖钝弊而军气挫锐。"

2 殚货：言物资耗尽。殚：《说文》："尽也。"

3 不能善其后：何氏注："谓兵不胜而敌乘其危殆，虽智者不能尽其善计而保全。"其说是。

4 兵闻拙速，未睹巧之久：拙：《说文》："拙，不巧也。"速：速胜。巧：工巧。久：拖延。李贽《孙子参同》卷二注："宁速毋久，宁拙毋巧；但能速胜，虽拙可也。"

5 兵久而国利者，未之有：杜牧注："兵者凶器，久则生变。"

［译文］

因此，军队作战就要求速胜，如果拖得很久则军队必然疲惫，挫减锐气。一旦攻城，则兵力将耗尽，长期在外作战还必然导致国家财用不足。如果军队因久战疲惫不堪，锐气受挫，军事实力耗尽，国内物财枯竭，其他诸侯必定趁火打劫。

这样，即使足智多谋之士也无良策来挽救危亡了。所以，在实际作战中，只听说将领缺少高招难以速胜，却没有见过指挥高明巧于持久作战的。战争旷日持久而有利于国家的事，从来没有过。所以，不能详尽地了解用兵的害处，就不能全面地了解用兵的益处。

善用兵者，役不再籍[1]，粮不三载[2]，取用于国，因粮于敌[3]，故军食可足也。国之贫于师[4]者远输，远输则百姓贫；近师者贵卖[5]，贵卖则百姓财竭，财竭则急于丘役[6]。力屈财殚，中原[7]内虚于家，百姓之费，十去其七；公家之费，破车罢马[8]，甲胄弓矢，戟楯蔽橹[9]，丘牛大车[10]，十去其六。

［注释］

1 役不再籍：役：兵役。籍：名册，这里作动词，指征调。此句是指不再按名册继续征发兵役。

2 粮不三载：不多次运送军粮。

3 取用于国，因粮于敌：曹操注："兵甲战具，取用国中，粮食因敌也。"因：依、就，此为顺便夺取之意。

4 贫于师：其意谓因战争运输财物而误衣食，国家与百姓不能不贫困。

5 近师者贵卖：贵卖：言物价上涨。曹操注云："军行已出界，近师者贪财，皆贵卖，则百姓虚竭也。"指军队驻地附近物价上涨。

6 财竭则急于丘役：财竭：财力枯竭。丘役：指军赋。据《周礼》记载，九夫为井，四井为邑，四邑为丘，四丘为甸。从西周至春秋，军赋不断增加，春秋时，丘出戎马一匹，牛三头。丘为征收军赋的基层单位。此句话意为国家财力枯竭，急于加重丘井之役。

7 中原：泛指国内。

8 破车罢马：罢：同"疲"。战车破损，马匹疲病。

9 戟楯蔽橹：戟：合戈矛为一体的古兵器。蔽橹：一种主要用于防卫的大型盾牌，以大车轮类巨物蒙以生牛皮，可屏蔽，故称蔽橹。王晳曰："蔽，可以屏蔽；橹，大楯也。"蔽：文津阁四库全书本《孙子兵法》，此字为"矛"字，此据通行本改。

10 丘牛大车：曹操注："丘牛，谓丘邑之牛。大车，乃长级车也。"此言为牛拉的辎重车辆。

［译文］

善于用兵的人，不用再次征集兵员，不用多次运送军粮。武器装备由国内供应，从敌人那里设法夺取粮食，这样军队的粮草就可以充足了。国家之所以因作战而贫困，是由于军队远征，不得不进行长途运输，长途运输必然导致百姓贫穷。驻军附近处物价必然飞涨，物价飞涨，必然导致物财枯竭，物财枯竭，赋税和劳役必然加重。在战场上，军力耗尽，在国内财源枯竭，百姓私家财产损耗十分之七。公家的财产，由于车辆破损，马匹疲惫，盔甲、弓箭、矛戟、盾牌、牛车的损失，而耗去十分之六。

故智将务食于敌[1]，食敌一钟，当吾二十钟[2]；其秆[3]一石，当吾二十石。故杀敌者，怒也；取敌之利者，货也[4]。车战得车十乘以上，赏其先得者而更其旌旗。车杂[5]而乘之，卒善而养之，是谓胜敌而益强[6]。

［注释］

1 智将务食于敌：务：追求，力争。食：取食。明智的将领务求就食于敌国。

2 钟：古容量单位。《左传・昭公三年》：“齐旧四量：豆、区、釜、钟。四升为豆，各自其四，以登于釜，釜十则钟。陈氏三量，皆登一焉，钟乃大矣!”曹操注：“六斛四斗为钟。”

3 萁秆：萁：同“箕”，豆秸。《汉书·杨恽传》：“种一顷豆，落而为箕。”杜牧注：“萁，豆秸也；秆，禾藁也。”文津阁四库全书本《孙子兵法》，“萁”为“𦯷”，此据通行本改。

4 取敌之利者，货也：梅尧臣曰：“取敌则利吾人以货。”对夺取敌人资财者要以实物予以奖励。

5 车杂：杂：混杂，混编。此句谓将俘获敌战车混编入已车阵中。

6 是谓胜敌而益强：曹操注：“益己之强。”杜牧注：“得敌卒也，因敌之资，益己之强。”这就是所谓战胜敌人而使自己更加强大。

［译文］

所以，明智的将军，一定要在敌国解决粮草，从敌国搞到一钟的粮食，就相当于从本国启运时的二十钟，在当地取得饲料一石，相当于从本国启运时的二十石。所以，要使士兵拼死杀敌，就必须怒之，激励之。要使士兵勇于夺取敌方的军需物资，就必须以缴获的财物做奖赏。所以，在车战中，抢夺十辆车以上的，就奖赏最先抢得战车的。而夺得的战车，要立即换上我方的旗帜，把抢得的战车编入我方车队。要善待俘虏，使他们有归顺之心。这就是战胜敌人而使自己越发强大的方法。

故兵贵胜，不贵久[1]。故知兵之将[2]，民之司命[3]，国家安危之主也[4]。

［注释］

1 兵贵胜，不贵久：贵：重也。曹操注：“久则不利，兵犹火也，不戢将自焚也。”意谓用兵作战贵在速战，持久则不利。

2 知兵之将：知：识。《周礼·大司徒》：“知仁圣义忠和。”郑玄注：“知，明于事。”此谓懂得用兵的将帅。

3 民之司命：司：《诗经·羔裘》：“邦之司直”。毛亨传：“司，主也。”此谓民众命运的掌握者。

4 国家安危之主：主：《管子·形势解》：“主者，人之所仰而生也。”曹操注：“将贤则国安。”此谓国家安危的主宰。

［译文］

所以，作战最重要、最有利的是速胜，最不宜的是旷日持久。真正懂得用兵之道、深知用兵利害的将帅，掌握着民众的生死，主宰着国家的安危。

谋攻第三

［题解］

智取者，以智谋取胜而非以勇力取胜之谓，此固孙子之所重，故本篇一开始即有“上兵伐谋”。然“谋攻”之义较此为广，乃泛指谋划攻战——主要是攻城之策。

本篇首先提出“不战而屈人之兵”的基本方针，孙武认为“不战而屈人之兵”是“善之善者”，“全国”“全军”“全旅”“全卒”“全伍”地强迫敌人屈服投降是最理想的作战方案，“破国”“破军”“破旅”“破卒”“破伍”地用武力击破敌人则次一等，“非善之善者”。

本篇论述用计谋征服敌人的问题。

孙子曰：夫用兵之法，全国为上，破国次之[1]；全军为上，破军次之；全旅为上，破旅次之；全卒为上，破卒次之；全伍为上，破伍次之[2]。是故百战百胜，非善之善者[3]也；不战而屈人之兵，善之善者也。

［注释］

1 全国为上，破国次之：完整地使敌国屈服是上策，经过交战击破敌国就次一等。曹操注：“兴师深入长驱，距其城廓，绝其内外，敌举国来服为上；以兵击破，败而得之，其次也。”

2 军、旅、卒、伍：古代军队的编制单位。旧说一万二千五百人为军，五百人为旅，百人为卒，五人为伍。春秋以后，各诸侯国发展情况不同，军队编制不完全一样。

3 善之善者：好中最好的。

［译文］

孙子说：大凡用兵的法则，使敌国完整地屈服是上策，起兵去击破那个国家就次一等；使敌人全军完整地屈服是上策，用武力击破它就次一等；使敌人全旅完整地屈服是上策，击破它就次一等；使敌人全卒完整地屈服是上策，击破它就次一等；使敌人全伍完整地屈服是上策，击破它就次一等。因此，百战百胜，不算是好中最好的；不战而使敌人屈服，才算是好中最好的。

故上兵伐谋[1]，其次伐交[2]，其次伐兵[3]，其下攻城。攻城之法为不得已。修橹轒辒[4]，具器械[5]，三月而后成；距闉[6]，又三月而后已。将不胜其忿而蚁附之[7]，杀士卒三分之一，而城不拔者，此攻之灾也。

［注释］

1 上兵伐谋：最好的用兵方法是以谋伐敌，即以计谋使敌屈服。伐：讨伐、攻打。

2 伐交：交：这里指外交。伐交：指通过外交途径，麻痹瓦解敌人的盟国，扩大、巩固自己的盟国，迫使敌人陷于孤立，最后不得不屈服，如战国时秦国采取“远交近攻”的谋略，灭了六国，就是以外交手段配合军事进攻而取得成功的。

3 伐兵：以武力战胜敌人。

4 轒辒：古代攻城用的四轮车，用排木制作，外蒙牛皮，可容纳十人（一说数个人），用以运土填塞城壕。

5 具器械：准备攻城用的器械。具：准备。

6 距闉：用以攻城而堆积的土山。闉：通“堙”，土山。

7 蚁附之：指士兵像蚂蚁一般爬梯攻城。

［译文］

所以用兵的上策是以谋略胜敌，其次是通过外交手段取胜，再次是使用武力战胜敌人，最下策是攻城。攻城是不得已而采取的办法。修造大盾和四轮车，准备器械，三个月才能完成；构筑攻城用的土山，又要花费三个月才能完工。将帅非常焦躁愤怒，驱使士卒像蚂蚁一般爬梯攻城。士卒伤亡了三分之一，而城还是攻不下来，这就是攻城的灾害。

故善用兵者，屈人之兵而非战[1]也，拔人之城而非攻也[2]，毁人之国而非久[3]也，必以全争于天下，故兵不顿[4]而利可全，此谋攻之法也。

[注释]

1 非战：指运用“伐谋”“伐交”等办法迫使敌人屈服，而不用交战的办法。

2 拔人之城而非攻也：指夺取敌人的城邑不靠硬攻的办法。

3 非久：指不要旷日持久。

4 顿：通“钝”，这里指疲惫、受挫。

[译文]

所以，善于用兵打仗的人，使敌军屈服而不用交战，夺取敌人的城邑而不靠硬攻，灭亡敌人的国家而不需久战，务求以全胜的谋略争胜于天下。这样，军队就不至于疲惫受挫，而胜利可以完满地获得，这就是谋攻的法则。

故用兵之法，十则围之[1]，五则攻之[2]，倍则分之[3]，敌则能战之[4]，少则能逃之[5]，不若则能避之[6]。故小敌之坚，大敌之擒[7]也。

[注释]

1 十则围之：有十倍于敌人的绝对优势的兵力，就要四面包围，迫敌屈服。

2 五则攻之：有五倍于敌的优势兵力，就要进攻它。

3 倍则分之：有一倍于敌的兵力，就设法分散敌人，以便在局部上造成更大的兵力优势。

4 敌则能战之：敌：这里指势均力敌。同敌人兵力相等，就要善于设法战胜敌人，如设伏诱敌等等。

5 少则能逃之：逃：脱离、摆脱。兵力比敌人少，就要能摆脱敌人。此句有的版本作“少则能守之”。

6 不若则能避之：各种条件均不如敌人时，就要设法避免与敌交战。

7 小敌之坚，大敌之擒：力量弱小的军队，如只知坚守硬拼，就会成为强大敌人的俘虏。

［译文］

所以用兵的方法，有十倍于敌的绝对优势的兵力，就要四面包围，迫敌屈服；有五倍于敌的优势兵力，就要进攻敌人；有一倍于敌人的兵力，就要设法分散敌人；同敌人兵力相当，就要善于设法战胜敌人；比敌人兵力少，就要善于摆脱敌人；各方面条件均不如敌人，就要设法避免与敌交战。弱小的军队如果只知坚守硬拼，就会成为强大敌人的俘虏。

夫将者，国之辅[1]也，辅周则国必强，辅隙则国必弱[2]。

［注释］

1 辅：辅助，这里引申为助手。

2 辅隙则国必弱：隙：漏洞、缺陷。此句，文津阁四库全书本无。

［译文］

将帅是国君的助手，辅助得周密，国家就会强盛；辅助得有缺陷，国家就要衰弱。

故君之所以患于军者三[1]：不知军之不可以进而谓[2]之进，不知军之不可以退而谓之退，是为縻军[3]；不知三军[4]之事而同[5]三军之政[6]，则军士惑矣；不知三军之权[7]而同三军之任[8]，则军士疑矣。三军既惑且疑，则诸侯之难至矣，是谓乱军引胜[9]。

［注释］

1 君之所以患于军者三：此句文津阁四库全书本作“军之所以患于君者三”，此据通行本改。患：危害、贻害。

2 谓：告诉。这里是命令的意思。

3 縻军：束缚军队，使军队不能根据情况相机而动。縻：羁縻，束缚。

4 三军：军队的通称。周代，大的诸侯国设三军，有的为左、中、右三军，有的为上、中、下三军。

5 同：共同，这里是指参与、干涉。

6 政：指军队的行政。

7 权：权变、权谋。

8 任：指挥。

9 乱军引胜：扰乱自己的军队，而导致敌人的胜利。引：引导、导致。

［译文］

国君可能贻害军队的有三种情况：不了解军队不可以前进而命令军队前进，不了解军队不可以后退而命令军队后退，这叫作束缚军队；不知道军队内部的事务，而干涉军队的行政，军士就会迷惑不解；不知道用兵的权谋，而干涉军队的指挥，将士就会产生疑虑。军队既迷惑又疑虑，各诸侯国乘隙进攻的灾难就临头了，这就是所谓扰乱自己的军队而导致敌人的胜利。

故知胜有五：知可以与战不可以与战者胜；识众寡之用[1]者胜；上下同欲[2]者胜；以虞[3]待不虞者胜；将能而君不御[4]者胜。此五者，知胜之道也。

［注释］

1 识众寡之用：善于根据敌对双方兵力对比的众寡情况，正确采用不同战法。

2 同欲：同心、齐心。

3 虞：备，这里指有准备。

4 御：驾驭，这里指牵制、干预。

［译文］

所以，从以下五种情况便可预知胜利：知道什么情况下可以打，什么情况下不可以打的，会胜利；懂得根据兵力多少而采取不同战法的，会胜利；上下齐心协力的，会胜利；以预有准备对待没有准备的，会胜利；将帅指挥能力强而国君不加牵制的，会胜利。这五条，是预知胜利的途径。

故曰：知彼知己者，百战不殆[1]；不知彼而知己，一胜一负；不知彼，不知己，每战必殆。

［注释］

1 知彼知己者，百战不殆：《十家注》《武经》各本均无“者”字。殆：危险、失败。

［译文］

所以说，了解敌人又了解自己，百战都不会失败；不了解敌人而了解自己，胜败的可能各半；既不了解敌人，又不了解自己，那就每战必败。

军形第四

［题解］

本篇主要论述如何用兵才会使自己“立于不败之地”。孙武认为，战争的胜负决定于敌我双方力量的大小，要想战胜敌人，就必须在力量的对比上使自己处于绝对优势，造成一种迅猛不可抵挡之势。除此之外，还要等待敌人可以被我战胜的有利时机，善于抓住敌人的弱点，这样就能轻而易举地战胜敌人。

要在作战中取胜，就必须善于对待攻和守的问题。兵力不足就防守，兵力有余就进攻。防守时要十分严密地隐蔽自己，进攻时要打得敌人措手不及。这样就能达到“自保而全胜”的目的。

孙子曰：昔之善战者，先为不可胜[1]，以待敌之可胜[2]。不可胜在己，可胜在敌[3]。故善战者，能为不可胜[4]，不能使敌之必可胜。故曰：胜可知，而不可为[5]。

［注释］

1 先为不可胜：王皙曰：“不可胜者，修道保法也。”

此句意为先做到自己不被别人战胜。

2 以待敌之可胜：待：等待。可胜：指敌方可能被战胜的机会或条件。

3 不可胜在己，可胜在敌：杨炳安《孙子会笺》：“言创造不可被敌战胜之条件，乃属于我方主观努力之事；然敌方是否具有可能被我战胜之条件，则非我主观意愿所决定。”

4 能为不可胜：能创造自己不可被敌战胜的条件。

5 胜可知，而不可为：言胜利可以预见，但却不能强求。张预注：“己有备则胜可知，敌有备则不可为。”

［**译文**］

孙子说：以前善于用兵作战的人，总是首先创造自己不可战胜的条件，并等待可以战胜敌人的机会。使自己不被战胜，其主动权掌握在自己手中；敌人能否被战胜，在于敌人是否给我们以可乘之机。

所以，善于作战的人只能够使自己不被战胜，而不能使敌人一定会被我军战胜。所以说，胜利可以预见，却不能强求。

不可胜者，守也[1]；可胜者，攻也。守则不足，攻则有余。善守者藏于九地[2]之下，善攻者动于九天之上[3]，故能自保而全胜也。

［**注释**］

1 不可胜者，守也：张预注：“知己未可以胜，则守其气而待之。”此句言有了不可战胜的条件，就可以守了。

2 九地：九：在此乃言数之极。汪中《述学·释三九篇》云：“古人措辞，凡一二所不能尽者，均约之以三以见其多；三之不能尽者，均约之以九以见其极多。”九地：梅尧臣注：“言深不可知也。”藏于九地之下：言深秘隐藏其形而不露也。

3 动于九天之上：九天：梅尧臣注谓“高不可测”。此句言善攻击者进攻时迅捷异常。

［译文］

敌人无可乘之机，不能被战胜，且防守以待之；敌人有可乘之机，能够被战胜，则出奇攻而取之。防守是因为我方兵力不足，进攻是因为兵力超过对方。善于防守的，隐藏自己的兵力如同在深不可测的地下；善于进攻的部队就像从天而降，敌不及防。这样，才能保全自己而获得全胜。

见胜不过众人之所知，非善之善者[1]也；战胜而天下曰善，非善之善者[2]也。

［注释］

1 见胜不过众人之所知，非善之善者：言预见胜负不高出众人的水平，不算是高明者。

2 战胜而天下曰善，非善之善者：力战而胜之，天下人都说好，不算好中最好的。曹操注：“交争胜也。太公曰，争胜于白刃之口，非良将也。”王皙曰：“以谋屈人则善矣。”

［译文］

预见胜利不能超过平常人的见识，算不上最高明；交战而后取胜，即使天下都称赞，也算不上最高明。

故举秋毫[1]不为多力，见日月不为明目，闻雷霆不为聪耳。古之所谓善战者，胜于易胜者也。故善战者之胜也，无智名，无勇攻[2]，故其战胜不忒[3]，不忒者，其所措胜，胜已败者也。故善战者，立于不败之地，而不失敌之败也[4]。是故胜兵先胜而后求战，败兵先战而后求胜。善用兵者，修道而保法[5]，故能为胜败之政。

［注释］

1　秋毫：兽类于秋天新长出的极纤细的毛称秋毫，用以比喻轻细之物。

2　无智名，无勇攻：杜牧注：“胜于未萌，天下不知，故无智名；曾不血刃，敌国已服，故无勇攻也。”张预注：“阴谋潜运，取胜于无形，天下不闻有料敌制胜之智，不见搴旗斩将之功。”二家注释皆有道理。

3　忒：差。不忒：不差。

4 不失敌之败：言不放过任何一个可打击敌人的时机。杜牧注："窥伺敌人可败之形，不失毫发也。"王皙曰："常为不可胜，待敌可胜，不失时机。"其说甚是。

5 修道而保法：杜牧注："道者，仁义也；法者，法制也。""道"与《计篇》"道者，令民与上同意"中"道"同义，指政治。"修道"：修明政治。"法"：亦指《计篇》"法者，曲制、官道、主用"之"法"，指法令制度。"保法"：确保法制。此句意为修明政治，确保法令制度的贯彻实行。

［译文］

正如举起秋毫称不上力大，能看见日月算不上视力好，听见雷鸣算不上耳聪。古代所谓善于用兵的人，只是战胜了那些容易战胜的敌人。所以，真正善于用兵的人，没有智慧过人的名声，没有勇武盖世的战功，而他既能打胜仗又不出任何闪失，原因在于其谋划、措施能够保证，他所战胜的是已经注定失败的敌人。所以善于作战的人，不但使自己始终处于不被战胜的境地，也绝不会放过任何可以击败敌人的机会。所以，打胜仗的军队总是在具备了必胜的条件之后才交战，而打败仗的部队总是先交战，在战争中企图侥幸取胜。善于用兵的人，潜心研究制胜之道，修明政治，坚持制胜的法制，所以能主宰胜败。

兵法：一曰度[1]，二曰量[2]，三曰数[3]，四曰称[4]，五曰胜[5]。地生度[6]，度生量[7]，量生数[8]，数生称[9]，称

生胜[10]。故胜兵若以镒称铢[11]，败兵若以铢称镒。称胜者之战民也[12]，若决积水于千仞之溪者，形也。

［注释］

1　度：《礼记·明堂位》："度为丈尺、高卑、广狭也。"贾林曰："度，土地也。"此言土地幅员。

2　量：《礼记·明堂位》郑玄笺："量为豆区、斗斛、筐筥所容受。"《汉书·律历志》："量者，龠、合、升、斗、斛也，所以量多少也。"此言物资多少。

3　数：贾林注："算数也。以数推之，则众寡可知，虚实可见。"王晳曰："百千也。"此言部队实力的强弱，兵员的多寡。

4　称：《楚辞·惜誓》："苦称量之不审兮。"王逸注："称所以知轻重。"杜牧注："称，校也。"此言衡量双方实力之对比的状况。

5　胜：曹操曰："胜败之政，用兵之法，当以此五事称量，知敌之情。"指胜负优劣的情况。

6　地生度：曹操注："因地形势而度之。"地：指国土幅员。此句言敌我交战，必先以双方所拥有的土地幅员为基础。

7　度生量：赵本学注："既度之，则其地之所容者何阵，或当用广、用长、用圆、用方，奇正当居何处，当分为几阵，皆可知矣，此'度生量'也。"此言基于双方拥有"地利"状况，可知其物质资源之储备及国力之强弱也。

8 量生数：梅尧臣注："因量以得众寡之数。"此言物质资源状况之计量，可知所拥兵员之众寡。

9 数生称：王晳注："喻强弱之形势也。"此言由兵员之众寡可知双方兵力强弱之对比。

10 称生胜：曹操注："称量之数，知其胜负所在。"此言由双方强弱形势之衡量对比，可知其优劣胜负之情况。

11 以镒称铢：比喻兵力轻重众寡之悬殊。铢：古代计量单位，二十四铢为一两。镒：二十四两为一镒，合五百七十六铢。

12 "称胜者"句：战民：《尉缭子·战威》："夫将之所以战者，民也。"此言统帅指挥部众参加作战。此句文津阁四库全书本作"胜者之战"。

［译文］

兵法：一是度，即估算土地的面积；二是量，即推算物质资源的容量；三是数，即统计兵源的数量；四是称，即比较双方的军事综合实力；五是胜，即得出胜负的判断。土地面积的大小决定物力、人力资源的容量，资源的容量决定可投入部队的数目，部队的数目决定双方兵力的强弱，双方兵力的强弱得出胜负的概率。获胜的军队对于失败的一方就如同用"镒"来称"铢"，具有绝对优势，而失败的军队对于获胜的一方就如同用"铢"来称"镒"。胜利者一方打仗，就像积水从千仞高的山涧冲决而出，势不可当，这就是军事实力的表现。

兵势第五

［题解］

上篇言强弱，言如何能成为“胜兵”，使之具有克敌制胜的可能性；而欲使这种可能性变成现实性，还必须具有一种强有力的态势。所以，孙子在讲“形”之后，紧接着就讲“势”，“形”和“势”乃是既有区别又有联系的两个概念。“形”讲的是强弱问题，孙子明言：“强弱，形也。”而“势”则讲的是勇怯问题，孙子又明言：“勇怯，势也。”军队既强且勇，何往而不胜？

而解决勇怯问题的关键，则在于“奇”“正”的运用。所以，孙子说：“战势不过奇正。”只要能够很好地掌握并运用“奇”“正”之术，并“择人而任势”，充分发挥人的主观能动作用，那就能够造成一种如“转圆石于千仞之山”的险峻有力的作战态势。有了这种态势，就能高屋建瓴，势如破竹，遇之者毁，遏之者折，甚至能使怯者勇，弱者强。

孙子曰：凡治众[1]如治寡，分数[2]是也；斗众[3]如斗寡，形名[4]是也；三军之众，可使必受敌[5]而无败

者，奇正[6]是也；兵之所加，如以碫[7]投卵者，虚实[8]是也。

［注释］

1 治众：治理人数众多的军队。治：治理。

2 分数：李贽注：“分，谓偏裨卒伍之分；数，谓十百千万之数各有统制，而大将总其纲领。”（《孙子参同》卷三）也是指军队组织编制方面的问题。

3 斗众：指挥人数众多的军队作战。

4 形名：曹操注：“旌旗曰形，金鼓曰名。”指古时军队使用的旌旗、金鼓等指挥工具，这里引申为指挥。

5 必受敌：必：即使、一旦。一旦遭受敌人进攻。

6 奇正：指古代军队作战的变法和常法，其含义甚广，如先出为正、后出为奇，正面为正、侧翼为奇，明战为正、暗攻为奇，等等。

7 碫：磨刀石，这里泛指石块。

8 虚实：指强弱、劳逸、众寡、真伪等，这里是以实击虚的意思。

［译文］

要做到治理人数多的军队像治理人数少的军队一样，这是组织编制的问题；要做到指挥人数多的军队作战像指挥人数少的军队一样，这是通信、指挥的问题；全国军队之多，要使其一旦遭受敌人进攻而不致失败的，这是“奇正”运用的问题；军队进攻敌人，要能像以石击卵那样，所向无敌，这是“虚实”的问题。

凡战者，以正合，以奇胜[1]。故善出奇者，无穷如天地，不竭如江河。终而复始，日月是也；死而复生，四时是也。声不过五，五声[2]之变，不可胜[3]听也；色不过五，五色[4]之变，不可胜观也；味不过五，五味[5]之变，不可胜尝也。战势不过奇正，奇正之变，不可胜穷也。奇正相生，如循环之无端[6]，孰能穷之哉？

［注释］

1 以正合，以奇胜：合：会合、交战。此句意为以正兵合战，以奇兵制胜。例如，公元前718年，郑国进攻卫国，燕国出兵救援，与郑国的军队战于北制（今河南荥阳市境）。郑以三军部署在燕军的正面，另以一部偷袭其侧后。燕军只注意防备正面，背后遭到了郑军的突然袭击，结果大败。

2 五声：中国古代用宫、商、角、徵、羽五个音阶区分声音的高低，加上变徵、变宫，与现在简谱中所用的七音阶大体相同。

3 胜：尽。

4 五色：中国古代以青、赤、黄、白、黑五种颜色为正色，其他为间色（即由两种或两种以上正色混合而成的颜色）。

5 五味：指甜、酸、苦、辣、咸五种味道。

6 循环之无端：顺着圆环旋转，没有尽头，比喻事物的变化无穷。循：顺着。

［译文］

大凡作战，一般都是以正兵当敌，以奇兵取胜。

所以，善于出奇制胜的将帅，其战法如天地那样变化无穷，像江河那样奔流不竭。终而复始，就像日月运行一样；死而复生，就像四季更替一般。

声音不过五种，然而五种声音的变化，却会产生出听不胜听的声调来；颜色不过五种，然而五种颜色的变化，却会产生出看不胜看的色彩来；味道不过五种，然而五种味道的变化，却会产生出尝不胜尝的味道来。

战势，不过奇正两种，然而奇正的变化，却是不可穷尽的。奇正的变化，就像顺着圆环旋转那样，无头无尾，谁能穷尽它呢？

激水之疾[1]，至于漂石者，势也；鸷鸟[2]之疾，至于毁折者，节[3]也。故善战者，其势险，其节短。势如彍弩[4]，节如发机[5]。

[注释]

1 激水之疾：湍急的流水以飞快的速度奔泻。疾：急速。

2 鸷鸟：凶猛的鸟，如鹰、雕之类。

3 节：节奏。

4 彉弩：指拉满的弓弩。彉（guō）：把弓拉满。弩：用机栝发箭的弓。

5 发机：触发弩机。机：弩机，古代兵器“弩”的机件，类似枪上的扳机。

[译文]

湍急的流水以飞快的速度奔泻，以致能把石块漂移，这是由于水势强大的缘故；凶猛的鸷鸟，以飞快的速度搏击，以至能捕杀鸟兽，这是由于节奏恰当的关系。所以，高明的将帅指挥作战，他所造成的态势是险峻的（居高临下、锐不可当），他所掌握的行动节奏是短促而猛烈的。这种态势，就像张满的弓弩；这种节奏，犹如触发弩机。

纷纷纭纭[1]，斗乱[2]而不可乱也；浑浑沌沌[3]，形圆[4]而不可败也。乱生于治，怯生于勇，弱生于强[5]。治乱，数也；勇怯，势也；强弱，形也[6]。故善动敌者，形之，敌必从之[7]；予之，敌必取之。以利动之，以卒待之[8]。

［注释］

1 纷纷纭纭：旌旗混乱的样子。纷纷：紊乱。纭纭：多而且乱。

2 斗乱：指在混乱状态中作战。

3 浑浑沌沌：指混乱不清。

4 形圆：指阵势部署的四面八方都能应付自如。

5 乱生于治，怯生于勇，弱生于强：一说，在一定条件下，“乱”可以由“治”产生，“怯”可以由“勇”产生，“弱”可以由“强”产生。另一说，军队要装作“乱”，本身必须“治”；要装作“怯”，本身必须“勇”；要装作“弱”，本身必须“强”。

6 勇怯，势也；强弱，形也：文津阁四库全书本无“势也；强弱”，此据通行本改。

7 形之，敌必从之：形：示形，即以假象欺骗敌人。此句意为以假象迷惑敌人，敌人必定上当。例如，公元前341年，魏国攻韩国，齐国起兵救韩，派田忌为将，孙膑为军师，率十万大军直赴大梁（今河南开封，魏国京城）。魏国得知后，即派太子申率兵十万尾追齐军。齐军根据孙膑的建议，采用示弱诱敌的方针，避免与魏军交战，并制造假象：第一天挖了十万人用的灶，第二天挖了五万人用的灶，第三天只挖了二万人用的灶。魏将庞涓误以为齐军三天即逃亡大半，便带领部分轻兵紧追齐军。孙膑判断魏军于日落时可到达马陵（今河南范县境），于是设下伏兵。待魏军到达时，齐军万箭齐发，魏军溃乱，庞涓自杀（山东临沂汉墓《孙膑兵法》残简为庞涓被擒），齐军乘胜追击，大破魏军，主将太子申被俘。

8 以利动之，以卒待之：以小利引诱调动敌人，以伏兵待机破敌。例如，公元前700年，楚国攻打绞国，绞人守城不出，楚便用无兵保卫的打柴人前往诱敌，使绞人俘获三十人。绞人见有利可图，于次日大批出动。这时，预先埋伏于山下的楚兵突然出击，大败绞人。“卒”，文津阁四库全书本作“本”，此据通行本改。

［**译文**］

在纷纷纭纭的混乱状态中作战，必须使自己的部队不发生混乱；在浑沌不清的情况下打仗，必须确保队伍部署的四面八方都能应付自如，使敌人无隙可乘，无法败我。在一定条件下，“乱”可以由“治”产生，“怯”可以由“勇”产生，“弱”可以由“强”产生。“治乱”，是组织指挥的问题；“勇怯”，是“任势”的问题；“强弱”，是军事实力的问题。所以，善于调动敌人的将帅，欺骗敌人，敌人必为其所骗；予敌以利，敌人必为其所诱。以小利引诱调动敌人，以伏兵待机掩击敌人。

故善战者，求之于势，不责之于人[1]，故能择人

而任势[2]。任势者，其战人[3]也，如转木石。木石之性，安[4]则静，危[5]则动，方则止，圆则行。故善战人之势，如转圆石于千仞之山者，势[6]也。

［注释］

1 不责之于人：不苛求部属。责：责备，这里指苛求。

2 能择人而任势：择：选择；任：任用、利用。这句意为，挑选适当人才，充分利用形势。例如，公元 215 年，魏将张辽、乐进、李典率七千余人守合肥。孙权自领十万大军来攻，魏军人心惊恐。张辽等依据曹操“若孙权至，张、李二将军出战，乐将军守城”的指令，留乐进守城，张辽、李典乘吴军尚未集中的时机，挑选了八百将士，突然冲入孙权所在的军营，杀得吴军措手不及，锐气大损。张辽等杀出重围后，合力坚守合肥，人心安定。孙权围城十余日不能得逞，只好撤退。后人认为，在这样力量悬殊的情况下，合肥之所以能够固守，曹操能择人而任是一个重要原因。

3 战人：指挥士卒作战。与《军形》中之“战民”意义相同。

4 安：安稳，这里指地势平坦。

5 危：危险，这里指地势陡斜。

6 势：是在“形”（军事实力）的基础上，发挥将帅的指挥作用，所造成的有利态势和强大的冲击力量。

[译文]

所以，善于指挥打仗的将帅，他的注意力放在“任势”上，而不苛求部属，因而他就能选到适当人才，利用有利形势。善于“任势”的人，他指挥将士作战，好像转动木头和石头一样。木头和石头的特性是放在平坦的地方比较稳定，放在陡斜的地方就容易移动。方形的木石就比较稳定，圆形的就容易滚动。所以高明的将帅指挥军队打仗时所造成的有利态势，就好像把圆石从八千尺高山上往下飞滚那样，不可阻挡，这就是军事上的所谓的“势”!

虚实第六

［题解］

本篇篇名，各本皆作“虚实”，唯简本作“实虚”。称“虚实”已成习惯，且上篇“以碬投卵者，虚实是也”，即言“虚实”而不言“实虚”，故仍之。

本篇论述“虚”“实”的运用与主动权的夺取保持问题。军事上的“虚”是指兵力薄弱、分散和无备；“实”是指兵力强大、集中和有备。处理好二者的关系对战争主动权的夺取和保持关系甚大，而主动权的夺取、保持则是获得战争胜利的基本保证。

孙子指出，如果有了这种主动权，就可以“攻而必取，守而必固”，“进而不可御，退而不可追”，就“能为敌之司命”。至于如何夺取和保持这种主动权，他又提出“避实而击虚”“因形而错胜”“以十击一”“因敌变化而取胜”等具有普遍指导意义的策略原则。

孙子曰：凡先处[1]战地而待敌者佚，后处战地而趋战[2]者劳。故善战者，致人而不致于人[3]。能使敌人

自至者，利之也；能使敌人不得至者，害之也。故敌佚能劳之[4]，饱能饥之[5]，安能动之[6]。

［注释］

1 处：居止，这里是指到达、占据。

2 趋战：仓促应战。趋：疾行、奔赴。

3 致人而不致于人：调动敌人而不为敌人所调动。致：引来，这里是指调动。

4 佚能劳之：言敌若休整良好，我则采取“敌人”之法使之劳顿。

5 饱能饥之：曹操注：“绝粮运以饥之。”王皙注：“谓敌人足食，我能使之饥乏耳。”此句言敌若给养充足，我则使之饥困。

6 安能动之：曹操注：“攻其所必爱，出其所必趋，则使敌人不得不救也。”此言敌若安固守御，我就使之移动。

［译文］

孙子说：凡先到达战地而等待敌人的就从容、主动，后到达战地而仓促应战的就疲劳、被动。所以，善于指挥作战的人，总是调动敌人而不被敌人所调动。能使敌人自已来上钩的，是以利引诱的结果；能使敌人不得前来的，是以害威胁的结果。所以，敌人休整得好，能设法使它疲劳；敌人给养充分，能设法使它饥饿；敌人安处不动，能设法调动它。

出其所不趋[1]，趋其所不意。行千里而不劳者，行于无人之地也。攻而必取者，攻其所不守[2]也；守而必固者，守其所不攻也。故善攻者，敌不知其所守；善守者，敌不知其所攻[3]。微[4]乎微乎，至于无形，神[5]乎神乎，至于无声，故能为敌之司命。进而不可御者，冲其虚也；退而不可追者，速而不可及也。故我欲战，敌虽高垒深沟，不得不与我战者，攻其所必救[6]也；我不欲战，虽画地而守[7]之，敌不得与我战者，乖其所之[8]也。

［注释］

1 出其所不趋：出兵要指向敌人无法急救的地方，也就是指击其空虚。汉简《孙子兵法》此句作“出于其所必趋”，《太平御览》等此句作“出其所必趋”，均为“攻其必救”之意。

2 攻而必取者，攻其所不守：李筌注：“无虞易取。”此说甚是。言我出击必能取胜的原因，是由于攻击敌戒备虚懈之处。

3 善攻者，敌不知其所守；善守者，敌不知其所攻：不知，王皙注：“不知者，攻守之计，不知所出耳。”梅尧臣注：“善攻者，机密不泄；善守者，周备不隙。”此句谓善于进攻的军队，敌人不知防守何处；善于防守的军队，敌人不知进攻何处。

4　微：微妙。

5　神：神奇、深奥。

6　攻其所必救：攻击敌人必然要救援的要害之处，以便调动敌人。例如，公元前353年，齐将田忌根据军师孙膑的建议，采取“批亢捣虚”“攻其必救”的战法，不直接救援正被魏军围攻的赵都邯郸（今河北邯郸），而向魏都大梁（今河南开封）进军，迫使魏军回师自救，从而解赵之围。这就是历史上有名的“围魏救赵”。

7　画地而守：指不设防就可守住，比喻非常容易。

8　乖其所之：改变敌人的去向，把它引向别的地方去。乖：违背、背离，这里是指改变。之：这里作“往”字讲。

［译文］

出兵要指向敌人无法急救的地方，行动于敌人意料不到的方向。行军千里而不困顿的，是因为行进在没有敌兵或敌人防守不严的地区。进攻必然得手的，是因为攻击敌人不注意防守或不易守住的地方；防守必然巩固的，是因为扼守敌人不敢攻或不易攻破的地方。所以，善于进攻的，能使敌人不知怎样守好；善于防守的，能使敌人不知怎样攻好。微妙呀！微妙到看不出一点形迹；神奇呀！神奇到听不出一点声息。这样，就能成为敌人命运的主宰。前进时，敌人无法抵御的，是由于冲向敌人防守薄弱的地方；退却时，敌人无法追及的，是由于行动很快，敌人追不上。

所以，我若求战，敌人即使坚守深沟高垒，也不得不出来与我交战，是由于进攻敌人所必救的地方；我若不想交战，即使画地而守，敌人也无法和我交战，是因为我设法改变了敌人的进攻方向。

故形人而我无形[1]，则我专[2]而敌分；我专为一，敌分为十，是以十攻其一也，则我众而敌寡；能以众击寡者，则吾之所与战者约[3]矣。吾所与战之地不可知，不可知，则敌所备者多；敌所备者多，则吾所与战者寡矣。故备前则后寡，备后则前寡，备左则右寡，备右则左寡，无所不备，则无所不寡。寡者，备人者也；众者，使人备己者也。

［注释］

1 形人而我无形：用示形的办法欺骗敌人，诱使其暴露企图，而自己不露形迹，使敌人不知虚实，捉摸不定。

2 专：专一，这里是指集中。

3 约：少而弱。《淮南子·主术训》："所守甚约。"这里的"约"也是少的意思。

［译文］

所以，用示形的办法欺骗敌人，诱使其暴露企图，而自己不露形迹，使敌捉摸不定，就能够做到自己兵力集中而使敌人兵力分散；自己兵力集中于一处，敌人兵力分散于十处，这样，我就能以十倍于敌的兵力打击敌人，造成我众而敌寡的有利态势；能做到以众击寡，那么与我军直接交战的敌人就少了。我们所要进攻的地方使敌人不知道，不知道，它就要处处防备；敌人防备的地方越多，兵力越分散，这样，我所直接攻击的敌人就不多了。所以，注意防备前面，后面的兵力就薄弱；注意防备后面，前面的兵力就薄弱；注意防备左翼，右翼的兵力就薄弱；注意防备右翼，左翼的兵力就薄弱；处处防备，就处处兵力薄弱。兵力所以少，是由于处处防备的结果；兵力所以多，是由于迫使敌人分兵防我的结果。

故知战之地，知战之日，则可千里而会战。不知战地，不知战日，则左不能救右，右不能救左，前不能救后，后不能救前，而况远者数十里，近者数里乎！以吾度[1]之，越人[2]之兵虽多，亦奚[3]益于胜败哉！故曰：胜可为[4]也。敌虽众，可使无斗[5]。

［注释］

1 度（duó）：忖度、推断。

2 越人：越国人。越是吴的敌国。

3 奚：疑问词，何的意思。

4 胜可为：指胜利是可以争取到的。孙武在《军形》

中说“胜可知而不可为”，是说胜利可以预知，但不能凭主观愿望去取得，必须具备一定的条件才行；此处又说“胜可为”，是说具备一定条件的基础上，能够通过将帅的巧妙指挥取得胜利。不难看出，这里包含有朴素的辩证法思想。

5　可使无斗：可以使敌人兵力分散而无法用全力与我交战。

［译文］

所以，能预知同敌人交战的地点，能预知同敌人交战的时间，这样，即使跋涉千里，也可同敌人会战。如果既不能预知交战的地点，又不能预知交战的日期，就会左不能救右，右不能救左，前不能救后，后不能救前，何况远到几十里，近的也有好几里呢！依我看来，越国的兵虽多，对于决定战争的胜败又有什么裨益呢？所以说，胜利是可以争取到的。敌人兵力虽多，也可以使其无法用全部力量与我交战。

故策[1]之而知得失之计[2]，作[3]之而知动静之理[4]，形之而知死生之地[5]，角之而知有余不足之处[6]。故形兵之极，至于无形；无形则深间不能窥[7]，智者不能谋。因形而措胜于众[8]，众不能知；人皆知我所以胜之形[9]，而莫知吾所以制胜之形。故其战胜不复[10]，而应形于无穷。

［注释］

1 策：策度、筹算，这里是指根据情况分析判断。

2 得失之计：这里指敌人作战计划的优劣长短。

3 作：动作，这里是指挑动。

4 动静之理：指敌人行动的规律。

5 死生之地：指敌人所处地形的有利不利情况。

6 角之而知有余不足之处：角：角量、较量，这里指进行试探性的进攻。此句是说，经过试探性进攻，就可了解敌人兵力部署的虚实情况。例如，公元222年，吴蜀两军相持于猇亭（今湖北宜都北）一带，吴将陆逊得知蜀军连营数百里，兵力分散，士气沮丧，决定实施反攻。为进一步摸清情况，陆逊派兵先攻蜀军一营，结果失利。诸将都认为“空杀兵耳”，陆逊则认为“吾已晓破敌之术”。原来，经过这次战斗侦察，陆逊发现蜀军军营都是木栅构成，于是，决定火攻破敌，取得了连破蜀军四十余营的彝陵之战的胜利。

7 深间不能窥：指即使有深藏的间谍，也无法探知我之真实情况。窥：偷看。

8 措胜于众：指将胜利摆在人们面前。措：放置。

9 形：形态，这里指作战的方式方法。

10 战胜不复：指作战方法灵活多变，每次取胜的方法都不重复。

［译文］

认真分析判断，以求明了敌人作战计划的优劣长短；挑动敌人，以求了解其活动的规律；示形诱敌，以求摸清其所处地形的有利不利；进行战斗侦察，以求探明敌人兵力部署的虚实强弱。所以，示形诱敌的方法运用到极妙的程度，能使人们看不出一点儿形迹。这样，就是有深藏的间谍，也无法探明我方的虚实，即使很高明的人，也想不出对付我的办法来。

把根据敌情变化灵活运用战法而取得的胜利摆在众人面前，人们也看不出来；人们都知道我取胜的一般战法，但不知道我是怎样才根据敌情变化灵活运用这些战法而取胜的。所以，每次战胜，都不是重复老一套，而是适应敌情的发展而变化无穷。

夫兵形[1]象水，水之行，避高而趋下；兵之形，避实而击虚[2]。水因地而制流，兵因敌而制胜。故兵无常势，水无常形；能因敌变化而取胜者，谓之神[3]。故五行无常胜[4]，四时无常位[5]，日有短长[6]，月有死生[7]。

［注释］

1 兵形：用兵的规律。形：方式方法，这里有规律的意思。

2　避实而击虚：指避开敌人坚实之处，攻击其空虚薄弱的地方。例如，公元前632年，晋文公率晋、齐、秦军救宋，与围宋的楚军在城濮（今山东鄄城西南）决战时，就是采取避实击虚的战法打败楚军的。战斗开始时，晋军为了避免与楚的中军主力决战，令其下军把驾车的马蒙上虎皮，首先向楚右军进攻。楚右军是由其盟军陈、蔡军队组成的，战斗力最弱，遭到这一出其不意的打击，立即溃败。晋上军主将狐毛为了诱歼战斗力较弱的楚左军，接战后故意竖起两面大旗引车佯退，下军主将栾枝也令阵后的战车拖着树枝扬起尘土伪装败逃。楚军统帅子玉不知是计，下令追击。晋军元帅先轸指挥中军主力乘机横击楚军，晋上军也回军夹击，楚左军大部被歼。子玉急忙下令撤退，才保全了中军逃回楚地。

3　神：神奇、智谋高超，这里是用兵如神的意思。

4　五行无常胜：五行：金、木、水、火、土。古人把这五种东西看作构成万物的基本元素，并认为它们之间“相生相胜”。所谓“相生”，即木生火，火生土，土生金，金生水，水生木。所谓“相胜”（也叫“相克”），指金克木，木克土，土克水，水克火，火克金。这种相生相克的结果没有哪一个固定独胜。

5　四时无常位：指春、夏、秋、冬依次更替，循环往复，没有哪个季节固定不变。

6　日有短长：指一年之中，白天的时间有短有长，始终处于变化之中。

7 月有死生：指月亮有圆缺明暗的变化。

［译文］

用兵的规律像水，水流动的规律是避开高处而流向低处，用兵的规律是避开敌人坚实之处而攻击其虚弱的地方。水因地势的高下而制约其流向，用兵则要依据敌情而决定其取胜方针。所以，用兵作战没有固定不变的方式方法，就像水流没有固定的形状一样；能依据敌情变化而取胜的，就称得上用兵如神了。用兵的规律就像自然现象一样，“五行”相生相克，四季依次交替，白天有短有长，月亮有缺有圆，永远处于变化之中。

军争第七

［题解］

本篇主要论述与敌争夺制胜条件或先机之利，以掌握战争主动权的一般法则，使之处于有利地位，即所谓“常法”。

孙子认为，首先，必须了解各诸侯国的政治动向，必须熟悉地形，必须使用向导，做到情况明了；其次，必须行动统一，步调一致，做到“其疾如风，其徐如林，侵掠如火，不动如山，难知如阴，动如雷霆”，“勇者不得独进，怯者不得独退”；最后，要求指挥正确，机动灵活，“避其锐气，击其惰归”。做到以上几点，才能在战争中处于有利的位置。

孙子曰：凡用兵之法，将受命于君，合军聚众[1]，交和而舍[2]，莫难于军争[3]。

［注释］

1 合军聚众：合，《诗·大雅·民劳》郑玄笺曰：“合，聚也。”此句曹操注曰：“聚国人，结行伍，选部曲，起营为军阵。”梅尧臣曰：“聚国之众，合以为军。”此句是说聚集民众，组编军队。

2 交和而舍：交：交错相接。和：古时军队的营门称和门。舍：《左传·庄公三年》：“师行一宿为舍。”此句意为在战地，敌我对垒，各军诸部队的营门交错相连。

3 莫难于军争：没有比两军相对争夺制胜条件更难的了。曹操注：“从始受命，至于交和，军争难也。”张预注：“与人相对而争利，天下之至难也。”

［译文］

孙子说：用兵的原则，将领接受君命，从召集军队，安营扎寨，到开赴战场与敌对峙，没有比率先争得制胜的条件更难的事了。

军争之难者，以迂为直，以患为利[1]。故迂其途，而诱之以利[2]，后人发，先人至[3]，此知迂直之计者也。军争为利，军争为危[4]。举军而争利，则不及[5]；委军而争利，则辎重捐。是故卷甲而趋[6]，日夜不处，倍道兼行[7]，百里而争利，则擒三将军[8]，劲者先，疲者后，其法十一而至[9]；五十里而争利，则蹶[10]上将军，其法半至；三十里而争利，则三分之二至。是故军无辎重则亡，无粮食则亡，无委积则亡[11]。

［注释］

1 以迂为直，以患为利：梅尧臣注："能变迂为近，转患为利。"张预注："变迂曲为近直，转患害为便利。"此句意为将迂回道路变为直达的道路，将患害变为有利。

2 故迂其途，而诱之以利：贾林注："敌途本近，我能迂之者，或以羸兵，或以小利、以他道诱之，使不得以军争赴也。"此句言以迂回绕道和小利引诱敌人，摆脱敌人。

3 后人发，先人至：梅尧臣曰："远其途，诱以利，款之也。后其发，先其至，争之也。能知此者，变迂转害之谋也。"此句言比敌人后出动，而先到达要争夺的要地。

4 军争为利，军争为危：为：有之意。《孟子·滕文公上》："夫滕，壤地褊小，将为君子焉，将为野人焉。"赵岐注："为，有也。"此句曹操注："善者则以利，不善者则以危。"全句意为军争之事既有有利的一面，亦有不利的一面。

5 举军而争利，则不及：举：全、皆。梅尧臣注："举军中所有而行则迟缓。"此句意为携带全部装备辎重的军队前去争取先机之利，则不能按时到达。

6 卷甲而趋：卷：收、藏。此句意为卷起铠甲，轻装快跑。

7 日夜不处，倍道兼行：处：止，此处指不得休息。倍道：行程加倍。此句言夜以继日不停地赶路。

8 三将军：杜佑注："欲从速疾，卷甲束杖，潜军夜行，若敌知其情，邀而击之，则三军之将为敌所擒也。”此句言三军之将为敌所擒。

9 其法十一而至：按其规律，只有十分之一的人能到达。

10 蹶：表示被动，被敌挫败。

11 无委积则亡：委积，指物资储备。《周礼·地官·遗人》：“掌邦之委积，以待施惠。”郑玄注：“少曰委，多曰积。”此句言军队没有物资补充不能生存。

［译文］

“军争”中最困难的地方就在于以迂回进军的方式实现更快到达预定战场的目的，把看似不利的条件变为有利的条件。所以，由于我迂回前进，又对敌诱之以利，使敌不知我意欲何去，因而出发虽后，却能先于敌人到达战地。能这么做，就是知道迂直之计的人。“军争”为了有利，但“军争”也有危险。带着全部辎重去争利，就会影响行军速度，不能先敌到达战地；丢下辎重轻装去争利，装备辎重就会损失。卷甲急进，白天黑夜不休息地急行军，奔跑百里去争利，则三军的将领有可能会被俘获，健壮的士兵能够先到战场，疲惫的士兵必然落后，只有十分之一的人马如期到达；强行军五十里去争利，先头部队的主将必然受挫，而军士一般仅有一半如期到达；强行军三十里去争利，一般只有三分之二的人马如期到达。这样，部队没有辎重就不能生存，没有粮食供应就不能生存，没有战备物资储备就无以生存。

故不知诸侯之谋者，不能豫交[1]；不知山林、险阻、沮泽[2]之形者，不能行军；不用乡导[3]者，不能得地利。故兵以诈立[4]，以利动，以分合为变[5]者也。故其疾如风[6]，其徐如林[7]，侵掠如火，不动如山，难知如阴[8]，动如雷霆[9]。掠乡分众[10]，廓地分利，悬权而动[11]。先知迂直之计者胜，此军争之法也。

［注释］

1 豫交：结交诸侯。豫：通“与”。

2 沮泽：《礼记·王制》：“居民山川沮泽。”孔颖达疏引何胤云：“沮泽，下湿地也。”指水草丛生之沼泽地带。

3 乡导：向导。乡：向古通。指熟悉该地区情况的带路人。

4 兵以诈立：立：成功。杜牧注：“诈敌人使不知我本情，然后能立胜也。”其说甚是。

5 以分合为变：把分散与集中作为变化手段。

6 其疾如风：曹操注：“击空虚也。”张预注：“其来疾暴，所向皆靡。”全句意为行动迅速，有如飘风之迅疾。

7 其徐如林：指部队行列整肃，舒缓如林木般有序。

8 难知如阴：难以窥知实情，有如阴云蔽日。

9 动如雷霆：杜牧注："如空中击下，不知所避也。"贾林注："疾雷不及掩耳。"此句言行动迅速，使人猝不及防。

10 掠乡分众：曹操注："因敌而制胜。"陈皞注："夫乡邑村落，因非一处，察其无备，分兵掠之。"全句意为分兵数路掳掠敌国乡邑。

11 悬权而动：权：秤锤，用以称量物的轻重。此句指权衡利害得失，而后决定行动。

［译文］

所以不了解诸侯各国的图谋，就不要和他们结成联盟；不知道山林、险阻和沼泽的地形分布，不能行军；不使用向导，就不能掌握和利用有利的地形。所以，用兵是凭借施诡诈出奇兵而获胜的，根据是否有利于获胜决定行动，根据双方情势或分兵或集中为主要变化。按照战场形势的需要，部队行动迅速时，如狂风飞旋；行进从容时，如森林徐徐展开；攻城略地时，如烈火迅猛；驻守防御时，如大山岿然；军情隐蔽时，如乌云蔽日；大军出动时，如雷霆万钧。夺取敌方的财物，掳掠百姓，应分兵行动。开拓疆土，分夺利益，应该分兵扼守要害。这些都应该权衡利弊，根据实际情况，相机行事。率先知道"迂直之计"的将获胜，这就是军争的原则。

《军政》[1]曰："言不相闻，故为之金鼓[2]；视不相见，故为之旌旗。"夫金鼓旌旗者，所以一人之耳目也[3]。人既专一，则勇者不得独进，怯者不得独退，此用众之法也。故夜战多火鼓，昼战多旌旗，所以变人之耳目也。

［注释］

1 《军政》：古兵书，已佚。梅尧臣曰："军之旧典。"

2 故为之金鼓：金：杜佑注："金铎也。"王皙曰："鼓鼙钲铎之属。"此句言用金鼓指挥军队作为进退的号令。

3 所以一人之耳目也：用来统一士卒们的视听，即使士兵们的行动一致。

［译文］

《军政》说："在战场上用语言来指挥，听不清或听不见，所以设置了金鼓；用动作来指挥，看不清或看不见，所以用旌旗。"金鼓、旌旗，是用来统一士兵的视听，统一作战行动的。既然士兵都服从统一指挥，那么勇敢的将士不会单独前进，胆怯的也不会独自退却。这就是指挥大军作战的方法。所以，夜间作战，要多处点火，频频击鼓；白天打仗要多处设置旌旗。这些是用来扰乱敌方的视听的。

三军可夺气[1]，将军可夺心[2]。是故朝气锐，昼气

惰，暮气归[3]。善用兵者，避其锐气，击其惰归[4]，此治气者也。以治待乱，以静待哗[5]，此治心[6]者也。以近待远，以佚待劳，以饱待饥，此治力者也。无邀正正之旗[7]，无击堂堂之陈[8]，此治变[9]者也。

［注释］

1 三军可夺气：夺：失也。《荀子·富国》：“罕兴力役，无夺农时。”气：指刚劲勇锐之土气。全句意为三军之刚锐旺盛之气可以挫伤而使之衰竭。

2 将军可夺心：张预注：“心者，将之所主也。夫治乱勇怯，皆主于心。故善制敌者，挠之而使乱，激之而使惑，迫之而使惧，故彼之心谋可以夺也。”全句言可动摇将帅的决心。

3 朝气锐，昼气惰，暮气归：梅尧臣注：“朝，言其始也；昼，言其中也；暮，言其终也。”张预注：“朝喻始，昼喻中，暮喻末。”

4 避其锐气，击其惰归：此言避开敌初来时的锐气，等待敌人士气衰竭再进行打击。

5 以治待乱，以静待哗：乱，陈皞注：“政令不一，赏罚不明，谓之乱。”哗：指骚动不安。全句意为以严整对付混乱之敌，以镇静对付轻躁之敌。

6 治心：张预注：“善治己之心以夺人之心。”即从心理上制伏、战胜敌人。

7 无邀正正之旗：邀：阻留、截击。正正：曹操注："齐也。"此句意为勿发兵截击旗帜齐整、队伍整治之敌。

8 堂堂之陈：陈：同"阵"。堂堂，张预注："行阵广大。"

9 治变：以权变应付敌人。

［译文］

对于敌方三军，可以挫伤其锐气，可使丧失其士气；对于敌方的将帅，可以动摇他的决心，可使其丧失斗志。敌人早上初至，其气必盛；陈兵至中午，则人力困倦而气亦怠惰；待至日暮，人心思归，其气益衰。所以善于用兵的人，敌之气锐则避之，趁其士气衰竭时才发起猛攻。这就是正确运用士气的原则。用治理严整的我军来对付军政混乱的敌军，用我镇定平稳的军心来对付军心躁动的敌人。这是掌握并运用军心的方法。以我就近进入战场而待长途奔袭之敌；以我从容稳定对仓促疲劳之敌；以我饱食之师对饥饿之敌。这是懂得并利用治己之力以困敌人之力。不要去迎击旗帜整齐、部伍统一的军队，不要去攻击阵容整肃、士气饱满的军队。这是懂得战场上的随机应变。

故用兵之法，高陵勿向[1]，背丘勿逆[2]，佯北勿从[3]，锐卒勿攻，饵兵勿食，归师勿遏[4]，围师必阙[5]，穷寇勿追，此用兵之法也。

［注释］

1 高陵勿向：梅尧臣注：“敌处其高，不可仰击。”此说甚是。

2 背丘勿逆：敌背倚丘陵险阻，我当不要正面攻击。

3 佯北勿从：佯：假装、伪装。张预注：“敌人奔北，必审真伪。”此言敌若假装败退，我当不要追击。

4 归师勿遏：遏：阻、截击。此句意为敌师退还其国途中不可正面阻截。

5 围师必阙：张预注：“围其三面，开其一面，示以生路，使不坚战。”此句言包围敌人，当留缺口。

［译文］

所以，用兵的原则是：对占据高地、背倚丘陵之敌，不要作正面仰攻；对于假装败逃之敌，不要跟踪追击；敌人的精锐部队不要强攻；敌人的诱饵之兵，不要贪食；对正在向本土撤退的部队不要去阻截；对被包围的敌军，要预留缺口；对于陷入绝境的敌人，不要过分逼迫。

九变第八

［题解］

本篇首先强调“通于九变”的重要性，指出只有“通于九变”才算“知用兵”。而要做到这一点，最重要的是要从事物正、反两面的联系中去考虑问题，即所谓“智者之虑，必杂于利害”，并以“利”为准则，灵活地运用作战原则。这里，孙子所讲的五个“有所不”（“途有所不由，军有所不击，城有所不攻，地有所不争，君命有所不受”）和五个“危”（“必死”“必生”“忿速”“廉洁”“爱民”），都含有生动活泼的朴素辩证法思想因素。至于孙子提出的“无恃其不来，恃吾有以待也；无恃其不攻，恃吾有所不可攻也”的论点，即使在今天，也仍有借鉴价值。

孙子曰：凡用兵之法，将受命于君，合军聚众，圮地无舍[1]，衢地合交[2]，绝地无留[3]，围地则谋，死地则战。途有所不由[4]，军有所不击，城有所不攻[5]，地有所不争，君命有所不受[6]。

［注释］

1 圮地无舍：在水泛滥之地不可驻扎。

2　衢地合交：衢地：谓四通八达之地。《孙子兵法·九地》："诸侯之地三属，先至而得天下之众者，为衢地。"此句意为在四通八达的地区作战要注意结成巩固的联盟。

3　绝地无留：绝地，李筌注："地无泉井、畜牧、采樵之地为绝地。"全句意为在道路不通，又无粮食水草的地方切勿停留。

4　途有所不由：孙子佚文《四变》："徐（途）之所不由者，曰：浅入则前事不信，深入则后利不接。动则不利，立则囚。如此者，弗由也。"此句意为按正常情况该走的道路不走，而另选迂回的、困难较多的但不被敌人注意的道路行进，以期出敌不意。

5　军有所不击，城有所不攻：张预注："纵之而无所损，克之而无所利，则不须击也；拔之而不能守，委之而不为患，则不须攻也。"全句言有的敌军不宜攻击，有的城池不应攻拔。

6　君命有所不受：曹操注："苟便于事，不拘于君命。"贾林注："决必胜之机，不可推于君命，苟利社稷，专之可也。"全句意为有的君主命令可以不予接受。

[译文]

孙子说：用兵的原则，将接受国君的命令，召集人马组建军队，在难于通行之地不要驻扎，在四通八达的交通要道要与四邻结交，在难以生存的地区不要停留，要赶快通过，在四周有险阻容易被包围的地区要精于谋划，误入死地则须坚决作战。有的道路不要走，有些敌军不要攻，有些城池不要占，有些地域不要争，君主的某些命令也可以不接受。

故将通于九变之地利者[1]，知用兵矣；将不通九变之利，虽知地形，不能得地之利矣。治兵不通九变之术，虽知五利[2]，不能得人之用矣。

［注释］

1 将通于九变之地利：地：为衍文。全句意为将帅若能通晓各种机变的利用，就懂得如何作战。

2 五利：指“途有所不由，军有所不击，城有所不攻，地有所不争，君命有所不受”的五种好处。

［译文］

所以将帅精通“九变”的具体运用，就是真懂得用兵了；将帅不精通“九变”的具体运用，就算熟悉地形，也不能得到地利。指挥作战如果不懂“九变”的方法，即使知道“五利”，也不能充分发挥部队的战斗力。

是故智者之虑[1]，必杂于利害[2]。杂于利，而务可信[3]也；杂于害[4]，而患可解也。是故屈诸侯者以害[5]，

役诸侯者以业[6]，趋诸侯者以利[7]。故用兵之法，无恃其不来，恃吾有以待之[8]；无恃其不攻，恃吾有所不可攻也[9]。

［注释］

1 智者之虑：虑：思考、思索。此谓聪明的将帅思虑的问题。

2 杂于利害：曹操注："在利思害，在害思利，当难行权。"张预注："智者虑事，虽处利地，必思所以害；虽处害地，必思所以利，此亦通便之谓也。"全句言应充分兼顾到利与害两个方面。

3 可信：信：伸也，伸张、发展。杨炳安《孙子会笺》："言唯其考虑利之一面，方能以此激励三军将士完成战斗任务也。"

4 杂于害，而患可解也：考虑到不利的因素，则祸患即可消除。

5 屈诸侯者以害：屈：屈服、屈从。诸侯：此处指敌国。全句言以危害之事使诸侯屈服。

6 役诸侯者以业：役：使、驱使。《荀子·正名》："夫是之谓以己为物役矣。"业：曹操注："事也。"杜佑注："能以事劳役诸侯之人，令不得安以佚"，义近。此句意为以危险之事烦劳敌国使之穷于应付。

7 趋诸侯者以利：趋：奔走。张预注："动之以小利，使之必趋。”全句言以小利引诱调动敌人，使之奔走无暇。

8 恃吾有以待：恃：倚仗、依赖、寄予希望。曹操注：“安不忘危，常设备也。”张预注：“言须思患而预防之。”本句意为不要侥幸于敌之不来，而需倚仗己有充分之准备。

9 无恃其不攻，恃吾有所不可攻也：未可侥幸于敌人不进攻，而需要依赖自己具备使敌人无从进攻的条件。

［译文］

智慧明达的将帅考虑问题，必然把利与害一起权衡。在考虑不利条件时，同时考虑有利条件，大事就能顺利进行；在看到有利因素时同时考虑到不利因素，祸患就可以排除。因此，用最令人头痛的事使敌国屈服，用复杂的事使敌国穷于应付，以利益为钓饵引诱敌国疲于奔命。所以用兵的原则是：不抱敌人不会来的侥幸心理，而要依靠我方的充分准备，严阵以待；不抱敌人不会攻击的侥幸心理，而要依靠我方坚不可摧的防御，不会被战胜。

故将有五危：必死，可杀[1]；必生，可虏[2]；忿速，可侮[3]；廉洁，可辱[4]；爱民，可烦[5]。凡此五者，将之过也，用兵之灾也。覆军杀将[6]，必以五危，不可不察也[7]。

［注释］

1 必死，可杀：必：坚持、固执。曹操注：“勇而无虑，必欲死斗，不可曲挠，可以奇伏中之。”此句言一味地硬拼，则会被杀。

2 必生，可虏：曹操注：“见利畏怯不进也。”此句意为贪生怕死，可能就会被俘虏。

3 忿速，可侮：忿：愤怒、生气。曹操注：“疾急之人，可愤怒侮而致之。”全句言将帅急躁易怒，则易中敌人轻侮之计。

4 廉洁，可辱：曹操注：“廉洁之人，可污辱致之也。”此句意为将帅过于洁身清廉，则可能受辱。

5 爱民，可烦：烦：烦劳、相烦。张预注：“民虽可爱，当审利害。若无微不救，无远不援，则出其所必趋，使烦而困也。”此言将帅爱护居民，如不审度利害，则被动烦劳。

6 覆军杀将：言军队覆灭，将帅被杀。

7 必以五危，不可不察也：五危：上言“必死”等五危。不可不察，言不可不弄清这个道理。

［译文］

所以，将领有五种致命的弱点：坚持死拼硬打，可能招致杀身之祸；临阵畏缩，贪生怕死，则可能被俘；性情暴躁易怒，可能受敌轻侮而失去理智；过分洁身自好，珍惜声名，可能会被羞辱引发冲动；由于爱护民众，受不了敌方的扰民行动而不能采取相应的对敌行动。所有这五种情况，都是将领最容易有的过失，是用兵的灾难。军队覆没，将领牺牲，必定是因为这五种危害，因此一定要认识到这五种危害的严重性。

行军第九

［题解］

本篇主要论述在出征作战过程中，要根据不同地理条件妥善处理好行军宿营（“处军”）和观察判断敌情（“相敌”）的问题。所列三十余条“相敌”之法，均可视为实战经验之总结。通过这些方法，把看到、听到和侦察到的各种现象加以分析，掌握真实的敌情，制定正确的作战方案，才能获得胜利。

此外，孙武还讲到“取人”问题，提出“合之以文，齐之以武”的“文”“武”兼用原则，即要用道义来教育士兵，用法纪来统一步调，这样的军队打起仗来一定能取得胜利，并主张“与众相得”，这种思想观点在当时也是难能可贵的。

孙子曰：凡处军[1]相敌[2]，绝山依谷[3]，视生处高[4]，战隆无登[5]，此处山之军也。绝水必远水[6]；客绝水而来，勿迎之于水内[7]，令半渡而击之[8]利；欲战者，无附水而迎客[9]；视生处高，无迎水流[10]。此处水上之军也。

［注释］

1　处军：处置、安顿。指在各种地形条件下，军队行军、战斗、驻扎的处置方法。

2　相敌：观察判断敌情。

3　绝山依谷：张预注："凡行军越过山险，必依附溪谷而居，一则利水草，一则负险固。"全句意为通过山地，需傍依溪谷行进。

4　视生处高：曹操注："生者，阳也。"李筌注："向阳曰生，在山曰高。"此言军队驻扎，要居高向阳。

5　战隆无登：隆：高地。登：攀登。全句意为在高地与敌作战，不宜自下而上仰攻。

6　绝水必远水：横渡江河一定要在离河流稍远的地方驻扎。

7　勿迎之于水内：梅尧臣曰："敌之方来，迎于水滨则不渡。"

8　令半渡而击之：半渡：正在渡水。此言乘敌人尚未全部渡过河时进攻他们。

9　无附水而迎客：曹操曰："附，近也。"张预注："我欲必战，勿近水迎敌，恐其不得渡；我不欲战，则阻水以拒之，使不能济。"此句言不要近水结阵而待敌。

10　无迎水流：曹操注："恐溉我也。"此句谓勿居下游之地。

［译文］

孙子说：在各种不同地形上处置军队和观察判断敌情时，应该注意，通过山地，必须依靠有水草的山谷，驻扎在居高向阳的地方，敌人占领高地，不要仰攻，这是在山地上对军队的处置原则。横渡江河，应远离水流驻扎；敌人渡水来战，不要在江河中迎击，而要等它渡过一半时再攻击，这样较为有利；如果要同敌人决战，不要紧靠水边列阵；在江河地带扎营，也要居高向阳，不要面迎水流。这是在江河地带上对军队处置的原则。

绝斥泽[1]，唯亟去无留[2]，若交军于斥泽之中，必依水草而背众树[3]，此处斥泽之军也。平陆处易[4]，右背高，前死后生[5]，此处平陆之军也。凡此四军之利[6]，黄帝之所以胜四帝[7]也。

［注释］

1 斥泽：《尚书·禹贡》："海滨广斥。"郑注云："斥谓地咸卤。"斥泽为盐碱沼泽地区。

2 亟去无留：迅速离开，不得滞留。

3 必依水草而背众树：言必须傍水草背倚林木而扎营。

4 平陆处易：遇开阔地，亦需择平坦之处安营。

5 前死后生：《淮南子·地形训》："高者为生，下者为死。”此言地势前低后高。

6 四军之利：上述处山、处水、处斥泽、处平陆等四种处军原则的好处。

7 四帝：指上古时期四方氏族部落首领。

[译文]

通过盐碱沼泽地带，要迅速离开，不要逗留，如果同敌军相遇于盐碱沼泽地带，那就必须靠近水草而背靠树林，这是在盐碱沼泽地带上对军队处置的原则。在平原上应占领开阔地域，而侧翼要依托高地，前低后高，这是在平原地带上对军队处置的原则。

以上四种“处军”原则的好处，就是黄帝之所以能战胜其他四帝的原因。

凡军好高而恶下[1]，贵阳而贱阴[2]，养生而处实[3]，军无百疾，是谓必胜。丘陵堤防，必处其阳而右背之，此兵之利，地之助也。上雨，水沫至，欲涉者，待其定也[4]。凡地有绝涧、天井、天牢、天罗、天陷、天隙[5]，必亟去之，勿近也。吾远之，敌近之；吾迎之，敌背之。军旁有险阻、潢井、林木、葭苇、翳荟者[6]，必谨覆索之[7]，此伏奸之所处也。

[注释]

1 凡军好高而恶下：张预注：“居高则便于观望，利于驱逐；处下则难以为固，易以生疾。”此言驻军喜好高处而厌恶低处。

2 贵阳而贱阴：张预注：“贵阳者，以其光明气舒，疾病难于滋蔓也；贱阴者，晦逆非养生之道也。”此句意为以向阳的地方为贵，贱视卑湿的地方。

3 养生而处实：养生：指人马得以休养生息。处实：指选择运输便利而物资供应丰实之地。

4 上雨，水沫至，欲涉者，待其定也：曹操注：“恐半涉而水遽涨也。”

5 绝涧、天井、天牢、天罗、天陷、天隙：前后险峻，水横其中为绝涧；四方高，中间下为天井；三面环绝，易入难出为天牢；草木蒙密，锋镝莫施处为天罗；陂池泥泞，渐车凝骑处为天陷；道路迫狭，地多坑坎为天隙。

6 险阻、潢井、林木、葭苇、翳荟：险阻，曹操注：“险者，一高一下之地；阻者，多水也。”潢井：指积水池。葭苇：芦苇，泛言水草丛聚。翳荟：草木繁茂。

7 必谨覆索之：必须小心谨慎地搜索。

［译文］

大凡驻军总是喜欢干燥的高地，避开潮湿的洼地；重视向阳之处，避开阴暗之地；靠近水草地区，军需供应充足，将士百病不生，这样就有了胜利的保证。在丘陵堤防行军，必须占领它向阳的一面，并把主要侧翼背靠着它。

这些对于用兵有利的措施，是利用地形作为辅助条件的。上游下雨，洪水突至，禁止徒涉，应等待水流稍平缓以后。凡遇到或通过“绝涧”“天井”“天牢”“天罗”“天陷”“天隙”这几种地形，必须迅速离开，不要接近。我们应该远离这些地形，而让敌人去靠近它；我们应面向这些地形，而让敌人去背靠它。军队两旁遇到有险峻的隘路、湖沼、水网、山林、芦苇和草木茂盛的地方，必须谨慎地反复搜索，这些都是敌人可能埋设伏兵和隐伏奸细的地方。

近而静者，恃其险也；远而挑战者，欲人之进也；其所居易者，利也。众树动者，来也[1]；众草多障者，疑也[2]；鸟起者，伏[3]也；兽骇者，覆[4]也；尘高而锐者，车来也；卑而广者，徒来也[5]；散而条达者[6]，樵采也；少而往来者，营军[7]也。辞卑而益备者，进也；辞强而进驱者，退也；轻车先出居其侧者，阵也[8]；无约而请和者，谋也[9]；奔走而陈兵者，期也；半进半退者，诱也。杖而立者[10]，饥也；汲而先饮者[11]，渴也；见利而不知进者，劳也；鸟集者，虚也[12]；夜呼者，恐也；军扰者，将不重也[13]；旌旗动者，乱也；吏怒者，倦也[14]；粟马食肉，军无悬缻，不返其舍者[15]，穷寇也；谆谆翕翕[16]，徐与人言者，失众也；数赏者，窘也[17]；数罚者，困也；先暴

而后畏其众者，不精之至也；来委谢者[18]，欲休息也；兵怒而相迎，久而不合，又不相去，必谨察之。

［注释］

1 众树动者，来也：曹操注：“斩伐树木，除道而来，故动。”其言甚是。

2 众草多障者，疑也：曹操注：“结草为障，欲使我疑也。”

3 伏：指伏兵。

4 覆：李筌注：“不意而至曰覆。”此指敌军暗中掩袭。

5 卑而广者，徒来也：扬起的尘埃低而面积广的，那是敌人步卒开来。

6 散而条达：条达：纵横断绝之貌。此句意为零散而呈条缕状。

7 营军：察看地形，准备立营的敌军。梅尧臣注：“轻兵定营，往来尘少。”

8 轻车先出居其侧者，阵也：杜牧曰：“出轻车，先定战阵疆界也。”此句言战车先出其营之侧面，是列阵欲战。

9 无约而请和者，谋也：梅尧臣注：“无约请和，必有奸谋。”此句意为未至屈困之境而请和，必有奸谋。

10 杖而立：倚仗兵器而站立。梅尧臣曰：“倚兵而立者，足见饥弊之色。”

11 汲而先饮：张预注：“汲者未及归营而先饮水，是三军渴也。”此言颇是。

12　鸟集者，虚也：张预曰：“凡敌潜退，必弃营幕，禽鸟见空，鸣集其上。”此言群鸟集中其上，则其下营垒已空。

13　军扰者，将不重也：敌军多惊扰，是将领无威容，不持重。李筌注：“将无威重则军扰。”

14　吏怒者，倦也：梅尧臣曰：“吏士倦烦，怒不畏避也。”此言军士愤怒，是士众倦烦了。

15　粟马肉食，军无悬缻，不返其舍者：以粮食喂马，杀牲口吃肉，营中不见用绳子悬挂水缸，士卒们是准备拼命突围。此句文津阁四库全书本为“杀马食肉者，军无粮也；悬缻不返其舍者”，此据通行本改。

16　谆谆翕翕：曹操注：“谆谆，语貌；翕翕，失志貌。”杜牧注：“忧在内，是自失其众心也。”此句言士卒们私下小声地议论。

17　数赏者，窘也：梅尧臣注：“势穷忧叛离，数赏以悦众。”其说甚是。

18　委谢：委质来谢，带贵重礼品来言好。张预注：“以所亲爱委质来谢，是势力穷极，欲休兵息战也。”

［译文］

敌人离我很近而安静的，是依仗它占领险要地形；敌人离我很远但挑战不休，是想诱我前进；敌人之所以驻扎在平坦地方，是因为对它有某种好处。许多树木摇动，是敌人隐蔽前来；草丛中有许多遮障物，是敌人布下的疑阵；群鸟惊飞，是下面有伏兵；野兽骇奔，是敌人大举突袭；尘土高而尖，是敌人战车驶来；尘土低而宽广，是敌人的步兵开来；尘土疏散飞扬，是敌人正在曳柴而走；尘土少而时起时落，是敌人正在扎营。敌人使者措辞谦卑却又在加紧战备的，是准备进攻；措辞强硬而军队又做出前进姿态的，是准备撤退；轻车先出动，部署在两翼的，是在布列阵势；敌人尚未受挫而来讲和的，是另有阴谋；敌人急速奔跑并排兵列阵的，是企图约期同我决战；敌人半进半退的，是企图引诱我军。敌兵倚着兵器而站立的，是饥饿的表现；供水兵打水自己先饮的，是干渴的表现；敌人见利而不进兵争夺的，是疲劳的表现：敌人营寨上聚集鸟雀的，下面是空营；敌人夜间惊叫的，是恐慌的表现；敌营惊扰纷乱的，是敌将没有威严的表现；旌旗摇动不整齐的，是敌人队伍已经混乱；敌人军官易怒的，是全军疲倦的表现；用粮食喂马，杀马吃肉，收拾起汲水器具，部队不返营房的，是要拼死的穷寇；低声下气同部下讲话的，是敌将失去人心；不断犒赏士卒的，是敌军没有办法；不断惩罚部属的，是敌人处境困难；先粗暴然后又害怕部下的，是最不精明的将领；派来使者送礼言好的，是敌人想休兵息战；敌人逞怒同我对阵，但久不交锋又不撤退的，必须谨慎地观察它的企图。

兵非贵益多[1]也，唯无武进[2]，足以并力、料敌、取人[3]而已。夫唯无虑而易敌[4]者，必擒于人。卒未亲附而罚之[5]，则不服，不服则难用也。卒已亲附而罚不行，则不可用也。故合之以文[6]，齐之以武[7]，是谓必取[8]。令素行[9]以教其民，则民服[10]；令不素行以教其民，则民不服。令素行者，与众相得[11]也。

［**注释**］

1 兵非贵益多：王皙注："不以多为益。"言不以多为贵，兵不在多之意。

2 唯无武进：武进：刚武轻进。此言兵不在多，但不要恃武轻进。

3 取人：争取人心。

4 易敌：轻视敌人。

5 卒未亲附而罚之：杜牧注："恩信未洽，不可以刑罚齐之。"亲附：亲近、归附。

6 合之以文：文：宽厚。此句言对待士卒要宽厚笼络。合：文津阁四库全书本为"令"字，此据通行本改。

7 齐之以武：武：刑威，军纪刑罚。此言用严明军纪刑罚来整肃部众。

8 必取：言必能取得部下的敬畏和拥戴。

9 令素行：令：立法行令。素：平时。言平时认真贯彻法令。

10 以教其民，则民服：言威令素信，所以民听之不惑。梅尧臣注："威令旧立，教乃听服。"其说甚是。

11 与众相得：和士卒相处得融洽。

［译文］

打仗不在于兵力越多越好，只要不轻敌冒进，并集中兵力、判明敌情，取得部下的信任和支持，也就足够了。那种既无深谋远虑而又轻敌的人，必定会被敌人俘虏。士卒还没有亲近依附就执行惩罚，那么他们会不服，不服就很难使用。士卒已经亲近依附，如果不执行军纪军法，也不能用来作战。所以，要用怀柔宽仁使他们思想统一，用军纪军法使他们行动一致，这样就必能取得部下的敬畏和拥戴。平素严格贯彻命令，管教士卒，士卒就能养成服从的习惯；平素从来不严格贯彻命令，管教士卒，士卒就会养成不服从的习惯。平时命令能贯彻执行的，表明将帅同士卒之间相处融洽。

地形第十

［题解］

本篇首列“六地”之名及其处置之法，指出：“地形者，兵之助也。”除了论述用兵作战怎样利用地形的问题，还着重讨论了深入敌国作战的好处。孙武分析了九种战地的特点和士兵处在这些地区的心理状态，相应地提出了在这些地区用兵的不同措施，认为深入敌国，等于把士兵投置在危地、陷入死地，他们会迫不得已拼死作战，发挥更大的战斗力，而且，深入敌国，还可就地补充军粮，还可因离家太远而不会逃散，服从指挥，一心一意作战，夺得战争胜利。

孙子曰：地形有通[1]者，有挂[2]者，有支[3]者，有隘[4]者，有险[5]者，有远[6]者。我可以往，彼可以来，曰通；通形者，先居高阳[7]，利粮道[8]，以战则利。可以往，难以返，曰挂；挂形者，敌无备，出而胜之，敌若有备，出而不胜，难以返，不利。我出而不利，彼出而不利[9]，曰支；支形者，敌虽利我[10]，我无出也，引而去之[11]，令敌半出而击之[12]，利。隘形者，

我先居之，必盈之以待敌[13]；若敌先居之，盈而勿从，不盈而从之[14]。险形者，我先居之，必居高阳以待敌[15]；若敌先居之，引而去之，勿从也。远形者，势均[16]，难以挑战[17]，战而不利。凡此六者，地之道也[18]；将之至任[19]，不可不察也。

［注释］

1 通：通达，指四通八达的地区。《易·系辞》："往来无穷谓之通。"梅尧臣注："道路交达。"

2 挂：悬挂、牵碍。《仪礼·少牢馈食礼》："挂于季指。"郑玄注："挂，悬也。"此指前平后险，易入难出的地形。

3 支：《左传·定公元年》："天之所坏，不可支也。"杜预注："支，持也。"指敌对双方皆可据险对峙，不易于发动进攻的地区。梅尧臣注："相持之地。"其说义近。

4 隘：梅尧臣注，"两山通谷之间。"此处谓两山峡谷之间的地带。

5 险：指山川险要、行动不便利的地带。

6 远：《庄子·天道》："吾固不辞远道而来愿见。"这里指敌我双方距离较远。

7 先居高阳：杜牧注："通者，四战之地，须先据高阳之处，勿使敌人先得而我后至也。"此言应率先占据地高向阳的地形，取得战争的主动权。

8　利粮道：贾林注："通粮道，便易转运。"杜佑注："无使敌绝己粮道也。"此言保持粮道畅通。

9　彼出而不利：而：也、亦。意谓敌人出击也不利。

10　敌虽利我：杜佑注："佯背我去。"此言敌人以利诱我。

11　引而去之：引：去，离开。梅尧臣曰："伪去，引敌人半出而击。"此言引兵伪装退去。

12　令敌半出而击之：令：使。张预注："敌若来追，伺其半出，行列未定，锐卒攻之，必获利焉。"其说甚是。

13　必盈之以待敌：杜佑注："以兵阵满隘形，欲使敌不得进退也。"此句言一定要用足够的兵力堵塞隘口，以对付敌军来犯。

14　盈而勿从，不盈而从之：从：顺遂。张预注："敌若先居此地，盈塞隘口而陈者，不可从也；若虽守隘口，俱不齐满者，入而从之，与敌共此险阻之利。"全句意为，在隘形作战，敌若先占领，并用重兵堵塞隘口，我不可随顺敌意去攻；如敌尚未全部占领隘口，则应全力进攻，与敌争险阻之利。

15　险形者，我先居之，必居高阳以待敌：曹操注："地形险隘，尤不可致于人。"张预注："平陆之地，尚宜先据，况险厄之所，岂可以致于人？"此句意为在险阻之地，我当抢先占据地高向阳之处，争取主动，以待敌军。

16　势均：杜牧曰："譬若我与敌垒相去三十里，若我来就敌垒而延敌欲战者，是我困敌锐，故战者不利。若敌来就我垒延我欲战者，是我佚敌劳，敌亦不利，故言均势。”其说通洽。

17　难以挑战：挑战：挑动敌人出战。曹操注：“挑战者，延敌也。”意谓因地势均远，不宜先求战。

18　地之道也：指上述六者乃将帅指挥作战时利用地形之原则。

19　将之至任：将帅应负的重大责任。

［译文］

孙子说：地形有“通”“挂”“支”“隘”“险”“远”等六种。凡是我们可以去，敌人也可以来的地域，叫作“通”；在“通”形地域上，应抢先占据开阔向阳的高地，保持粮道畅通，这样作战就有利。凡是可以前进，难以返回的地域，称作“挂”；在“挂”形的地域上，假如敌人没有防备，我们就能突击取胜，假如敌人有防备，出击又不能取胜，而且难以回师，这就不利了。凡是我军出击不利，敌人出击不利的地域叫作“支”；在“支”形地域上，敌人虽然以利相诱，我们也不要出击，而应该率军假装退却，诱使敌人出击一半时再回师反击，这样就有利。在“隘”形地域上，我们应该抢先占领，并用重兵封锁隘口，以等待敌人的到来，如果敌人已先占据了隘口，并用重兵把守，我们就不要去进攻，如果敌人没有用重兵据守隘口，那么就可以进攻。在“险”形地域上，如果我军先敌占领，就必须控制开阔向阳的高地，以等待敌人来犯；如果敌人先我占领，就应该率军撤离，不要去攻打它。在“远”形地域上，敌我双方地势均同，就不宜去挑战，勉强求战，很是不利。以上六点，是利用地形的原则；这是将帅的重大责任所在，不可不认真考察研究。

故兵有走[1]者，有弛[2]者，有陷[3]者，有崩[4]者，有乱[5]者，有北[6]者。凡此六者，非天之灾，将之过也。夫势均，以一击十，曰走；卒强吏弱，曰弛；吏强卒弱，曰陷；大吏怒而不服，遇敌怼而自战[7]，将不知其能，曰崩；将弱不严，教道不明，吏卒无常，陈兵纵横[8]，曰乱；将不能料敌[9]，以少合众，以弱击强，兵无选锋[10]，曰北。凡此六者，败之道也；将之至任，不可不察也。

［注释］

1 走：指败逃。

2 弛：曹操注：“吏不能统，故弛坏。”这里指将帅懦弱无能，士卒军纪涣散。

3 陷：曹操注：“吏强欲进，卒弱辄陷，败也。”此言将士虽强，然士卒战斗力弱，与敌作战则将吏孤身奋战，力不能支，故败。

4 崩：溃败。刘寅《直解》云：“如山之崩坠。”此言主将不知其裨佐部将的能力，遇战则溃败。

5 乱：混乱，没有秩序。

6 北：败走。

7 遇敌怼而自战：怼：怨恨。此句言军中将吏恚怒而不听主将之令，遇敌便战，致使军队溃败。

8 陈兵纵横：杜牧注："引兵出阵，或纵或横，皆自乱之也。"此言布兵列阵杂乱无次。

9 料敌：分析、观察敌情。

10 选锋：精选出来的精锐的前锋分队。《尉缭子·战威》："武士不选，则众不强。"其义同此。

［译文］

军队打败仗有"走""弛""陷""崩""乱""北"六种情况。这六种情况的发生，不是天时地理的灾害，而是将帅自身的过错。地势均同的情况下，以一击十而导致失败的，叫作"走"；士卒强悍，军官懦弱而造成失败的，叫作"弛"；将帅强悍，士卒懦弱而失败的，叫作"陷"；部将怨恨不服从指挥，遇到敌人擅自出战，主将又不了解他们的能力，因而失败的，叫作"崩"；将帅懦弱缺乏威严，治军没有章法，官兵关系混乱紧张，列兵布阵杂乱无常，因此而致败的，叫作"乱"；将帅不能正确判断敌情，以寡击众，以弱击强，作战又没有精锐先锋部队，因而落败的，叫作"北"。以上六种情况，均是导致失败的原因；这是将帅的重大责任之所在，是不可不认真考察研究的。

夫地形者，兵之助也[1]。料敌制胜，计险厄远近，上将之道也。知此而用战者必胜，不知此而用战者必败[2]。故战道[3]必胜，主曰无战，必战可也[4]；战道不胜，主曰必战，无战可也[5]。故进不求名，退不避罪，唯人是保[6]，而利合于主[7]，国之宝也。

［注释］

1 兵之助也：张预注："能审地形者，兵之助也。"此谓用兵作战的辅助条件。

2 知此而用战者必胜，不知此而用战者必败：梅尧臣注："将知地形，又知军政，则胜；不知，则败。"张预注："既知敌情，又知地利，以战则胜；俱不知之，以战即败。"其义颇精。

3 战道：指战争的指导规律。战道必胜，意谓依据战争规律，就必然能取胜。

4 必战可也：此言可径出兵战之，无须依从君命。

5 无战可也：张预注："苟无必胜之道，虽君命必战，不可战也。与其从令而败事，不若违制而成功。"其说甚是。

6 唯人是保：意谓只求保全百姓。

7 利合于主：符合君主的根本利益。

［译文］

地形是用兵打仗的辅助条件。正确判断敌情，考察地形险易，计算道路远近，这是高明的将领必须掌握的方法。懂得这些道理去指挥作战的，必定能够胜利；不了解这些道理去指挥作战的，必定失败。所以，根据分析有必胜把握的，即使国君主张不打，坚持打也是可以的；根据分析没有必胜把握的，即使国君主张打，不打也是可以的。所以，战不谋求胜利的名声，退不回避失利的罪责，只求保全百姓，符合国君利益，这样的将帅，才是国家的宝贵财富。

视卒如婴儿，故可与之赴深溪；视卒如爱子，故可与之俱死[1]。爱而不能令[2]，厚而不能使[3]，乱而不能治[4]，譬若骄子，不可用也。知吾卒之可以击，而不知敌之不可击，胜之半也；知敌之可击，而不知吾卒之不可以击，胜之半也；知敌之可击，知吾卒之可以击，而不知地形之不可以战，胜之半也。故知兵者，动而不迷[5]，举而不穷[6]。故曰：知彼知此，胜乃不殆；知天知地，胜乃可全。

［注释］

1 视卒如婴儿，故可与之赴深溪；视卒如爱子，故可与之俱死：梅尧臣注："抚而育之，则亲而不离；爱而勖之，则信而不疑。故虽死与死，虽危与危。"其说甚是。全句言爱护体恤士卒，可以和他们同生死，共患难。

2 爱而不能令：梅尧臣注："爱宠而不教。"此句谓只知溺爱而不重教育。

3 厚而不能使：厚：厚待、厚养。此句言只知厚待而不能使用。

4 乱而不能治：士卒行为不守法令而不能严加管束。

5 动而不迷：行动果断，毫不迷茫。

6 举而不穷：举措随机应变，是无穷无尽的。

[译文]

对待士卒像对待婴儿，士卒就可以同他共患难；对待士卒像对待自己的儿子，士卒就可以跟他同生共死。如果对士卒溺爱却不能指挥，厚待却不能使用，违法而不能惩治，那就如同娇惯了的子女，是不可以用来同敌作战的。只了解自己的部队可以打，而不了解敌人不可打，取胜的可能只有一半；只了解敌人可以打，而不了解自己的部队不可以打，取胜的可能也只有一半；知道敌人可以打，也知道自己的部队能打，但是不了解地形不利于作战，取胜的可能性仍然只有一半。懂得用兵的人，行动起来不会迷惑，他的战术变化无穷。所以说：知彼知己，胜乃不殆；知天知地，胜乃可全。

九地第十一

［题解］

本篇主要论述如何根据客观战略环境条件不同而采取妥善作战原则和处置方法。唯本篇篇幅较长，内容也较杂乱且有重复，李零《发微》说“很可能是由各篇编余的零章碎句组成”。清代邓廷罗与日本知名孙子学家服部千春也都曾对本篇做过富有成效的研究，并重新整理排列了文字顺序，值得重视。今为保持原本面貌，其基本结构不予变动，而只对具体文字出入做些必要解说。

孙子曰：用兵之法，有散地[1]，有轻地[2]，有争地[3]，有交地，有衢地，有重地，有圮地，有围地，有死地。诸侯自战其地，为散地。入人之地而不深者，为轻地。我得则利，彼得亦利者，为争地。我可以往，彼可以来者，为交地。诸侯之地三属[4]，先至而得天下之众者[5]，为衢地。入人之地深，背城邑多者，为重地[6]。行山林、险阻、沮泽，凡难行之道者，为圮地。所由入者隘，所从归者迂[7]，彼寡可以击吾之众者，为围地。疾战则存，不疾战则亡者，为死

地[8]。是故散地则无战[9]，轻地则无止[10]，争地则无攻[11]，交地则无绝[12]，衢地则合交[13]，重地则掠[14]，圮地则行[15]，围地则谋[16]，死地则战[17]。

［注释］

1　散地：指士卒近家，战不利则心易散，故言散地。曹操注：“士卒恋土，道近易散。”杜牧曰：“士卒近家，进无必死之心，退有归投之处。”

2　轻地：梅尧臣注：“入敌未远，道近轻返。”此句言军队进入敌境未深，可以轻易撤回。

3　争地：曹操曰：“可以少胜众，弱击强。”杜牧曰：“必争之地，乃险要也。”此句意为谁先占领就对谁有利的军事要地。

4　诸侯之地三属：三属：三国交界的地方。曹操注：“我与敌相当，而旁有他国也。”

5　先至而得天下之众者：此句意为先到达可以得到诸侯列国的援助。曹操注：“先至得其国助。”杜牧曰：“天下，犹言诸侯也。”

6　入人之地深，背城邑多者，为重地：谓深入敌国，所过城邑众多的地区，为重地。杜牧注：“难返还也。背，去也；背与倍同。多，道里多也。”梅尧臣注：“过城已多，津要绝塞，故曰重难之地。”二说皆是。

7　所由入者隘，所从归者迂：进入的道路狭隘而回归的道路迂远。

8 死地：梅尧臣注："前不得进，后不得退，旁不得走，不得不速战也。"此谓不速战求生则会被消灭之地。

9 无战：不宜作战。李筌注："恐走散也。"张预注："士卒怀生，不可轻战。"二注均是。

10 无止：不宜停留。赵本学注："入敌未深，人心未固，务速进攻，以期过险。"

11 争地则无攻：梅尧臣曰："形胜之地，先据乎利；若敌已得其处，则不可攻。"曹操注："不当攻，当先至为利也。"此句谓敌已占据争地则不可进攻。

12 交地则无绝：梅尧臣曰："道既错通，恐其邀截，当令部伍相及，不可断也。"全句言在交地，部伍相联结，不可断绝。

13 衢地则合交：合交：曹操注："结诸侯也。"孟氏注："得交则安，失交则危也。"全句意为在衢地，则当结交诸侯，陷敌于孤立。

14 重地则掠：梅尧臣曰："去国既远，多背城邑，粮道必绝，则掠畜积以继食。"全句意为在重地作战则掠夺敌资粮。

15 圮地则行：张预曰："难行之地，不可稽留也。"全句意为在圮地就应迅速通行。

16 围地则谋：处围地则发谋以取胜。

17 死地则战：在死地则力战以求生。

［译文］

孙子说：按照用兵的原则，军事地理有散地、轻地、争地、交地、衢地、重地、圮地、围地、死地。诸侯在本国境内作战的地区，叫作散地。在敌国浅近纵深作战的地区，叫作轻地。我方得到有利，敌人也得到有利的地区，叫作争地。我军可以前往，敌军也可以前来的地区，叫作交地。多国相毗邻，先到就可以获得诸侯列国援助的地区，叫作衢地。深入敌国腹地，背靠敌人众多城邑的地区，叫作重地。山林险阻沼泽等难以通行的地区，叫作圮地。行军的道路狭窄，退兵的道路迂远，敌人可以用少量兵力攻击我方众多兵力的地区，叫作围地。迅速奋战就能生存，不迅速奋战就会全军覆灭的地区，叫作死地。因此，处于散地就不宜作战，处于轻地就不宜停留，遇上争地就不要勉强强攻，遇上交地就不要断绝联络，进入衢地就应该结交诸侯，深入重地就要掠取粮草，碰到圮地就必须迅速通过，陷入围地就要设谋脱险，处于死地就要力战求生。

古之所谓善用兵者，能使敌人前后不相及[1]，众寡不相恃[2]，贵贱[3]不相救，上下不相收[4]，卒离而不集[5]，兵合而不齐。合于利而动，不合于利而止。敢问：敌众整而将来，待之若何？曰：先夺其所爱[6]，则听[7]矣。兵之情主速[8]，乘人之不及，由不虞之道[9]，攻其所不戒也。

[注释]

1 不相及：不相连续。

2 众寡不相恃：恃：依靠。全句意为大部队与小部队不能协同依恃。

3 贵贱：指官与兵。

4 不相收：不相统属，不能收聚。

5 卒离而不集：离：分、散。《吕览·大乐》：“离则复合。”高诱注：“离，散也。”言士卒分散难以集中。

6 夺其所爱：剥夺敌人所爱惜依恃的有利条件。

7 听：《广雅·释诂》云：“听，从也。”意谓使敌被动，从我意愿。

8 兵之情主速：张预注：“用兵之理，唯尚神速。”全句意为用兵的道理是以神速为上。

9 由不虞之道：通过敌人料想不到的道路。

[译文]

从前善于指挥作战的人，能使敌人前后部队不能相互策应，主力和小部队无法相互依靠，官兵之间不能相互救援，上下级之间不能互相联络，士兵分散不能集中，合兵布阵也不整齐。对我有利就打，对我无利就停止行动。试问：敌人兵员众多且又阵势严整向我发起进攻，那该用什么办法对付它呢？回答是：先夺取敌人最关心爱护的，这样就听从我们的摆布了。用兵之理贵在神速，要乘敌人措手不及的时机，走敌人意料不到的道路，攻击敌人没有戒备的地方。

凡为客之道[1]：深入则专[2]，主人不克[3]。掠于饶野[4]，三军足食。谨养而勿劳[5]，并气积力[6]，运兵计谋，为不可测[7]。投之无所往，死且不北[8]，死焉不得，士人尽力[9]。兵士甚陷则不惧[10]，无所往则固[11]，入深则拘，不得已则斗[12]。是故其兵不修而戒[13]，不求而得[14]，不约而亲[15]，不令而信。禁祥去疑[16]，至死无所之[17]。吾士无余财，非恶货也[18]；无余命，非恶寿也[19]。令发之日，士卒坐者涕沾襟，偃卧者涕交颐[20]。投之无所往者，则诸、刿[21]之勇也。

［注释］

1　为客之道：客：进入敌国作战的部队。全句意为深入敌境作战部队的用兵规律。

2　深入则专：专：《广雅·释言》：“齐也。”全句意为深入敌境，则军心一致。

3　主人不克：梅尧臣曰：“为客者，入人之地深，则士卒专精，主人不能克我。”全句意为在本土作战的军队，无法战胜客军。

4　掠于饶野：饶野：《玉篇》：“饶，丰也，厚也。”王皙注："饶野多稼穑。"全句意为掠夺野外的粮草。

5 谨养而勿劳：认真养练休整，勿使疲劳。

6 并气积力：并：合并，此为鼓舞、鼓励之意。全句意为鼓舞士气，积蓄力量。

7 为不可测：使敌人无法做出正确的判断。

8 投之无所往，死且不北：梅尧臣注："置在必战之地，知死而不退走。"全句意为将士卒置于无路可走的境地，虽死也不会败退。

9 死焉不得，士人尽力：全句言置于死地的士卒，必人人拼死尽力。

10 兵士甚陷则不惧：张预曰："陷在危亡之地，人持必死之志，岂复畏敌也。"全句意为兵士深陷于危难之中，那么反而无所畏惧。

11 无所往则固：往，杜牧注："走也。"固，李筌注："坚也。"全句言无路可走，则军心稳固。

12 不得已则斗：曹操注："人穷则死战也。"

13 不修而戒：修：修明法令。戒：警戒。曹操注："不求索其意，自得力也。"全句言士卒们不待休整而自戒备。

14 不求而得：梅尧臣注："不索而情自得。"张预注："不求索而得情意。"全句意为不待征求而情意已得。

15 不约而亲：梅尧臣注："不约而众自亲。"全句言不待约束而自亲和。

16 禁祥去疑：梅尧臣注："妖祥之事不作，疑惑之言不入。”全句意为禁止迷信和谣言之事，避免士卒疑惑。

17 至死无所之：士卒们至死也不会逃跑。

18 吾士无余财，非恶货也：梅尧臣曰：“不得已竭财货。”全句言兵卒们毁弃财物，抛弃必需品以外的钱财，并非不爱惜财物，实乃性命不保，何惜财物。

19 无余命，非恶寿也：士卒们不顾性命去拼死搏斗，并非不愿长寿，而是身陷死地，不得不舍命以求生。

20 偃卧者涕交颐：士卒们仰卧在地，泪流满面。

21 诸、刿：均为人名，指专诸、曹刿。

［译文］

在敌国境内进行作战的一般规律是：越深入敌国腹地，我军军心就越坚固，敌人就越不易战胜我们。在敌国丰饶地区掠取粮草，部队给养就有了保障。要注意休整部队，不要使其过于疲劳，保持士气，养精蓄锐，部署兵力，巧设计谋，使敌人无法判断我军的意图。将部队置于无路可走的绝境，士卒就会宁死不退。士卒既能宁死不退，那么他们怎么会不殊死作战呢！士卒深陷危险的境地，就不再存在恐惧，一旦无路可走，军心就会牢固，深入敌境军队就不会离散，遇到迫不得已的情况，军队就会殊死奋战。因此，无须整饬就能注意戒备，不用强求就能完成任务，无须约束就能亲密团结，不待申令就会遵守纪律。禁止占卜迷信，消除士卒的疑虑，他们至死也不会逃避。我军士卒没有多余的钱财，并不是不爱钱财；士卒置生死于度外，也不是不想长寿。当作战命令颁布之时，坐着的士卒泪沾衣襟，躺着的士卒泪流满面。但把士卒置于无路可走的绝境，他们就都会像专诸、曹刿一样的勇敢。

故善用兵者，譬如率然[1]；率然者，常山[2]之蛇也。击其首则尾至，击其尾则首至，击其中则首尾俱至。敢问：可使如率然乎？曰：可。夫吴人与越人相恶也，当其同舟济而遇风，其相救也，如左右手。是故方马埋轮[3]，未足恃也；齐勇若一，政之道也[4]；刚柔皆得，地之理也[5]。故善用兵者，携手若使一人[6]，不得已也。

［注释］

1 率然：古代传说中的一种蛇。《神异经·西荒经》："西方山中有蛇，头尾差大，有色五彩。人物触之者，中头则尾至，中尾则头至，中腰则头尾并至，名曰率然。"

2 常山：恒山。西汉时因避汉文帝刘恒的"恒"字而改为常山。

3 方马埋轮：曹操注："方，缚马也；埋轮，示不动也，此言专难不如权巧。故曰：虽方马埋轮，不足恃也。"全句意为缚马埋轮，以示坚守的决心。

4 齐勇若一，政之道也：齐：齐心协力。梅尧臣曰：

“使人齐勇如一心而无怯者，得军政之道也。”全句意为三军齐勇如一人，靠的是军政之道严明，即治军有方。

5 刚柔皆得，地之理也：王皙曰：“刚柔，犹强弱也。言三军之士，强弱皆得其用者，地利使之然也。”全句意为强者和弱者都能充分发挥战斗力，是巧妙地借助地形使然。

6 携手若使一人：张预注：“三军虽众，如提一人之手而使之，言齐一也。”

［译文］

善于指挥作战的人，能使部队自我策应如同“率然”蛇一样。“率然”是常山地方一种蛇，打它的头部，尾巴就来救应；打它的尾，头就来救应；打它的腰，头尾都来救应。试问：可以使军队像“率然”一样吧？回答是：可以。吴国人和越国人是互相仇视的，但当他们同船渡河而遇上大风时，他们相互救援，就如同人的左右手一样。

所以，想用缚住马缰、深埋车轮这种显示死战决心的办法来稳定部队，是靠不住的。要使部队能够齐心协力奋勇作战如同一人，关键在于部队管理教育有方。要使强弱不同的士卒都能发挥作用，在于恰当地利用地形。所以善于用兵的人，能使全军上下携手团结如同一人，这是因为客观形势迫使部队不得不这样。

将军[1]之事：静以幽，正以治[2]。能愚士卒之耳

目，使民无知[3]；易其事，革其谋，使民无识[4]；易其居，迂其途，使民不得虑[5]。帅与之期，如登高而去其梯[6]；帅与之深入诸侯之地，而发其机[7]；若驱群羊，驱而往，驱而来，莫知所之。聚三军之众，投之于险，此谓将军之事也。九地之变，屈伸之利[8]，人情之理，不可不察。

［注释］

1 将军：将：率领。此指主持军事。

2 静以幽，正以治：曹操注："谓清静幽深平正。"全句意为沉静而深幽、公正而有条理。

3 能愚士卒之耳目，使民无知：曹操注："愚，误也。民可以乐成，不可以虑始。"李筌注："为谋未熟，不欲令士卒知之。"全句意为蒙蔽士卒的耳目，不让他们知晓军情。

4 易其事，革其谋，使民无识：张预注："前所行之事，旧所发之谋，皆变易之，使人不可知也。"全句意为变更部署，改变计谋，使人无法识破。

5 易其居，迂其途，使民不得虑：梅尧臣注："更其所安之居，迂其所趋之途，无使人能虑也。"全句言变换驻防，迂回行军，使人们不得图谋。

6 帅与之期，如登高而去其梯：赵本学注："期，约战之所也。"全句意为主帅与军队约战，犹言赋予作战任务，断绝其退路，使之勇往直前。

7　帅与之深入诸侯之地，而发其机：机：弩机之扳机。此言将帅率兵深入重地后抓住战机，发动攻势。

8　九地之变，屈伸之利：张预注：“九地之法，不可拘泥，须识变通，可屈则屈，可伸则伸，审所利而已。”全句意为九地作战原则的灵活运用，或屈或伸的利害关系。

［译文］

主持军事行动，要做到考虑谋略沉着冷静而幽深莫测，管理部队公正严明而有条不紊。要能蒙蔽士卒的视听，使他们对于军事行动毫无所知；变更作战部署，改变原定计划，使人无法识破真相；不时变换驻地，故意迂回前进，使人无从推测意图。将帅向军队赋予作战任务，要像使其登高而抽去梯子一样；将帅率领士卒深入诸侯国土，要像弩机发出的箭一样一往无前；对待士卒要能如驱赶羊群一样，赶过去又赶过来，使他们不知道要到哪里去。集结全军，把他们置于险境，这就是统率军队的要点。九种地形的应变处置，攻防进退的利害得失，全军上下的心理状态，这些都是作为将帅不能不认真研究和周密考察的。

凡为客之道：深则专，浅则散[1]。去国越境而师者，绝地也[2]；四通者，衢地也；入深者，重地也；入浅者，轻地也；背固前隘[3]者，围地也；无所往者，死地也。是故散地，吾将一其志[4]；轻地，吾将

使之属[5]；争地，吾将趋其后[6]；交地，吾将谨其守；衢地，吾将固其结[7]；重地，吾将继其食[8]；圮地，吾将进其涂；围地，吾将塞其阙[9]；死地，吾将示之以不活[10]。故兵之情：围则御，不得已则斗，过则从[11]。

［注释］

1　深则专，浅则散：在敌国境内作战，深入则士卒一致，浅进则士卒涣散。

2　去国越境而师者，绝地也：赵本学注本云："去国，去已之国；越境，越人之境。绝，绝望之意。此篇无绝地之文，此特因上文'诸侯自战其地，为散地'之句，而反言申之也。"另一说，梅尧臣注："进不及轻，退不及散，在二地之间也。"

3　背固前隘：梅尧臣曰："背负险固，前当厄塞。"张预曰："前狭后险，进退受制于人也。"此句意为背后险固，前路狭隘。

4　一其志：李筌注："一卒之心。"此言统一士卒意志。

5　使之属：使军队部属相连接。

6　趋其后：曹操注："利地在前，当速进其后也。"杜佑注："利地在前，当进其后；争地先据者胜，不得者负。"全句意为后续部队迅速跟进。

7　固其结：杜牧注："结交诸侯，使之牢固。"此句言巩固与诸侯的结盟。

8 继其食：贾林注："使粮相继而不绝也。"全句意为补充军粮，保障供给。

9 塞其阙：孟氏注："意欲突围，示以守固。"此言堵塞缺口。

10 示之以不活：表示死战的决心。

11 过则从：孟氏曰："甚陷则无所不从。"全句意为陷于险境十分深重则无不听从。

［译文］

在敌国境内作战的规律是：深入敌境则军心稳固，浅入敌境则军心容易涣散。进入敌境进行作战的称为绝地；四通八达的地区叫作衢地；进入敌境纵深的地区叫作重地；进入敌境浅的地区叫作轻地；背有险阻前有隘路的地区叫围地；无路可走的地区就是死地。因此，在散地，要统一军队意志；在轻地，要使营阵紧密相连；在争地，要迅速出兵抄到敌人的后面；在交地，就要谨慎防守；在衢地，就要巩固与列国的结盟；入重地，就要保障军粮供应；在圮地，就必须迅速通过；陷入围地，就要堵塞缺口；到了死地，就要显示死战的决心。所以，士卒的心理状态是：陷入包围就会竭力抵抗，形势逼迫就会拼死战斗，身处绝境就会听从指挥。

是故不知诸侯之谋者，不能预交[1]；不知山林、

险阻、沮泽之形者，不能行军；不用乡导者，不能得地利。四五者[2]，一不知，非霸王之兵[3]也。夫霸王之兵，伐大国，则其众不得聚[4]；威加于敌，则其交不得合[5]。是故不争天下之交[6]，不养天下之权，信己之私[7]，威加于敌，故其城可拔，其国可隳[8]。施无法之赏，悬无政之令[9]，犯三军之众[10]，若使一人。犯之以事，勿告以言[11]；犯之以利，勿告以害[12]。投之亡地然后存，陷之死地然后生[13]。夫众陷于害，然后能为胜败[14]。夫为兵之事，在顺佯敌之意[15]，并力一向[16]，千里杀将，是谓巧能成事。

［注释］

1 不知诸侯之谋者，不能预交：不了解诸侯的谋略，不能同他交往。

2 四五者：指九地。曹操注："谓九地之利害。"清夏振翼《武经体注大全会解》云："四五，指'九地'言。'九地'中五为客兵，四为主兵，故不合言之而分言之。"

3 霸王之兵：曹操注："霸者，不结成天下诸侯之权也。绝天下之交，夺天下之权，故己威得伸而自私。"全句意为能够称霸诸侯的军队。

4 其众不得聚：聚：集中、动员。全句言敌人的军队来不及动员集中。

5 威加于敌，则其交不得合：兵威指向敌国，他国惧我之威，不敢与该敌国结交。

6 不争天下之交：不争着与天下诸侯交结。

7 信己之私：信：同“伸”。私：偏爱。全句意为伸展自己对民众的恩爱。

8 其国可隳：《吕览·顺说》：“隳人之城郭”。高诱注：“隳，坏也。”全句意为可毁坏其国都。

9 施无法之赏，悬无政之令：无法：超出惯例、破格。悬：挂、颁布。黄巩《集注》：“无法之赏，谓破格也；无政之令，谓临享应变。”

10 犯三军之众：犯：干也。此为驱使、任用之意。全句言使用三军队伍。

11 勿告以言：王皙注：“情泄则谋乖。”此句意为不要告诉士兵意图。

12 犯之以利，勿告以害：命令他们去完成任务，只告诉有利条件，不告诉危险因素，使其信心坚定。

13 投之亡地然后存，陷之死地然后生：曹操注：“必殊死战，在亡地无败者。孙膑曰：‘兵恐不投之死地也。’”梅尧臣曰：“地虽曰亡，力战不亡；地虽曰死，死战不死。故亡者存之基，死者生之本也。”全句意为置军队于危亡之地，然后可以保存。

14 能为胜败：意谓军队陷入危亡之地才能取胜。

15 顺佯敌之意：顺佯：假装顺从。全句言假装顺从敌人的企图。

16 并力一向：集中优势兵力，选择恰当的进攻方向。

[译文]

不了解诸侯列国的战略意图，就不要与之结交；不熟悉山林、险阻、沼泽等地形情况，就不能行军；不使用向导，就无法得到地利。这些情况，如有一样不了解，都不能成为称王称霸的军队。凡是王霸的军队，进攻大国，能使敌国的军民来不及动员集中；兵威加在敌人头上，能够使敌方的盟国无法配合策应。因此，没有必要去争着同天下诸侯结交，也用不着在各诸侯国里培植自己的势力，只要施展自己的战略意图，把兵威施加在敌人头上，就可以拔取敌人的城邑，摧毁敌人的国都。施行超越惯例的奖赏，颁布不拘常规的号令，指挥全军就如同使用一个人一样。向部下布置作战任务，但不说明其中意图。只告知利益而不指出危害。将士卒置于危地，才能转危为安；使士卒陷于死地，才能起死回生。军队深陷绝境，然后才能赢得胜利。所以，指导战争的关键，在于假装顺从敌人意图，一旦有机可乘，便集中兵力攻击敌人一部，千里奔袭，斩杀敌将，这就是所谓巧妙用兵，实现克敌制胜的目的。

是故政举之日[1]，夷关折符，无通其使[2]；厉于廊庙之上[3]，以诛其事[4]。敌人开阖[5]，必亟入之。先其所爱[6]，微与之期[7]。践墨随敌[8]，以决战事。是故始如处女，敌人开户；后如脱兔，敌不及拒[9]。

［注释］

1 政举之日：决定实施战略计划的时候。

2 夷关折符，无通其使：夷：封锁。符：通行证。曹操注："谋定，则闭关以绝其符信，勿通其使。"全句言废除通行凭证，断绝交通往来。

3 厉于廊庙之上：厉：反复推敲。此言在庙堂上反复研究，以决定战争大事。

4 以诛其事：诛：治，这里指研究。此句言决定这一大事。

5 开阖：曹操注："敌有间隙，当急入之也。"在此比喻可乘之机。

6 先其所爱：杜牧注："凡是敌人所爱惜，倚恃以为军者，则先夺之也。"

7 微与之期：期：约、合。全句意为不要与敌人约期交战。

8 践墨随敌：践：通"刬"。贾林注："刬，除也。"墨：墨守成规。全句意为避免墨守成规，随敌情变化来决定作战方案。

9 始如处女，敌人开户；后如脱兔，敌不及拒：全句言开始如处女般柔弱沉静，使敌人放松警戒；后如逃兔一般迅捷，打击敌人，使之猝不及防。

［译文］

因此，在决定战争方略的时候，就要封锁关口，废除通行符证，不允许敌国使者往来；要在庙堂里再三谋划，做出战略决策。敌人一旦出现间隙，就要迅速趁机而入。首先夺取敌人战略要地，但不要轻易与敌约期决战。要灵活机动，因敌情来决定自己的作战行动。因此，战争开始之前要像少女那样显得沉静柔弱，诱使敌人放松戒备；战斗展开之后，则要像脱逃的野兔一样行动迅速，使敌人措手不及，无从抵抗。

火攻第十二

［题解］

本篇主要论述以火助攻而取胜的问题。

孙子认为，火攻有“火人”“火积”“火辎”“火库”“火队”五种，即焚烧敌军的营寨、积聚、辎重、府库和运输设施。着眼点在于摧毁敌人的人力、物力和运输线。这五种火攻方法必须变化运用，我军可以掌握，敌军也可以掌握，应该注意防备。

此外，除了放火的器材必须平时有准备之外，纵火时还要选择天时，要在天气干燥和刮风的日子放火。实施火攻也必须和士兵的进攻互相配合，这样才能发挥火攻的作用，达到夺取胜利的目的。

孙子曰：凡火攻有五：一曰火人[1]，二曰火积[2]，三曰火辎[3]，四曰火库[4]，五曰火队。行火必有因[5]，烟火必素具[6]。发火有时，起火有日[7]。时者，天之燥[8]也；日者，月在箕、壁、翼、轸[9]也。凡此四宿者，风起之日也。

［注释］

1 火人：李筌注："焚其营，杀其士卒也。"杜牧曰："焚其营栅，困烧兵士。"此句意为焚烧营栅，烧毁敌军人马。

2 火积：杜牧注云："积者，积蓄也，粮食薪刍是也。"此言焚烧敌军积聚的粮草。

3 火辎：辎：装载物资的车辆。杜牧曰："器械财物及军士衣装，在车中上道未止曰辎。"此句言焚烧敌军被服、军器装备及车辆等辎重。

4 火库：《说文》："库，兵车藏也。"此谓焚毁敌军所储装备、军饷、财物等库藏。

5 行火必有因：因，《吕览·尽数》："因智而明之"。高诱注："因，依也。"此言行火时必须有所依就，即天时、敌情可用，行火器材常备。

6 烟火必素具：烟火，曹操注："烧具也。"此言放火器材必须平素准备好。

7 发火有时，起火有日：发动火攻要选择好天时，具体点火要有恰当日子。

8 天之燥：燥，曹操注："旱也。"此言气候干燥，物品容易燃烧。

9 箕、壁、翼、轸：为二十八星宿之四宿。箕为东方苍龙七宿之一；壁为北方玄武七宿之一；翼、轸为南方朱雀七宿之二。古人通过长期观察发现，月亮与这些星宿运行到一起的日子，一般多风，这可看作上古时的气候资料。

［译文］

孙子说火攻形式共有五种：一是焚烧敌军人马，二是焚烧敌军粮草，三是焚烧敌军辎重，四是焚烧敌军仓库，五是焚烧敌军运输设施。实施火攻必须具备条件，火攻器材必须随时准备。放火要看准天时，起火要选好日子。天时是指气候干燥，日子是指月亮行经“箕”“壁”“翼”“轸”四个星宿位置的时候。月亮经过这四个星宿的时候，就是起风的日子。

凡火攻，必因五火之变而应之[1]。火发于内，即早应之于外[2]。火发而其兵静者，待而勿攻，极其火力[3]，可从而从之，不可从则止[4]。火可发于外，无待于内，以时发之[5]。火发上风，无攻下风[6]。昼风久，夜风止[7]。凡军必知有五火之变，以数守之[8]。故以火佐攻者明，以水佐攻者强[9]。水可以绝，不可以夺[10]。

［注释］

1 凡火攻，必因五火之变而应之：根据五种火攻所引起的敌情变化，适时地运用军队策应。

2 早应之于外：曹操注：“以兵应之也。”杜牧注：“凡火，乃使敌人惊乱，因而击之，非谓空以火败敌人也。闻火初作，即攻之；若火阑众定而攻之，当无益。故曰早也。”

3 极其火力：使火力燃烧到最旺时。

4 可从而从之，不可从则止：从：随也。曹操注：“见可而进，知难而退。”此句言可随火而进攻敌人则进攻，没有机会进攻就按兵不动。

5 以时发之：陈皞注：“以时发之，所谓天之燥、月之宿在四星也。”其说甚是。

6 无攻下风：不要在下风处进攻。赵本学注：“下风为烟焰所冲，固不宜攻，亦恐敌兵避火，溃出相蹂藉也。”

7 昼风久，夜风止：白天刮风时间长，到晚上就会停止。各家注本皆同此。唯刘寅《直解》引张贲说：“白昼遇风而发火，则当以兵从之；遇夜风而发火，则止而不从，恐彼有伏，反乘我也。”

8 以数守之：按火攻应遵循的自然规律把握火攻的时机。杜牧注：“须算星躔之数，守风起日，乃可发火，不可偶然而为之。”

9 故以火佐攻者明，以水佐攻者强：此句意为用火进攻敌人效果十分明显，用水进攻敌人就会壮大我军声势。

10 水可以绝，不可以夺：绝：断绝、分割。不可以夺，曹操注：“不可以夺敌蓄积。”全句意为用水攻敌可以分割敌人，但不能彻底摧毁敌人。

［译文］

凡用火攻，必须根据五种火攻所引起的不同变化，灵活部署兵力策应。在敌营内部放火，就要及时派兵从外面策应。火已烧起而敌军依然保持镇静，就应等待，不可立即发起进攻，待火势旺盛后，再根据情况作出决定，可以进攻就进攻，不可进攻就停止。火可从外面放，这时就不必等待内应，只要适时放火就行。从上风放火时，不可从下风进攻。白天风刮久了，夜晚就容易停止。军队都必须掌握这五种火攻形式，等待条件具备时进行火攻。用火来辅助军队进攻，效果显著；用水来辅助军队进攻，攻势必能加强。水可以把敌军分割隔绝，但却不能焚毁敌人的军需物资。

夫战胜攻取，而不修其功者，凶[1]，命曰“费留”[2]。故曰：明主虑[3]之，良将修之[4]。非利不动[5]，非得不用[6]，非危不战[7]。主不可以怒而兴师，将不可以愠[8]而致战；合于利而动，不合于利而止。怒可以复喜，愠可以复悦；亡国不可以复存，死者不可以复生[9]。故曰明主慎之，良将警之，此安国全军之道也[10]。

［注释］

1 不修其功者，凶：凶：祸患也。此言打了胜仗，夺取城邑，而不修明政治，及时论功行赏，激扬士气，以巩固胜利成果，则有祸患存在。

2 命曰“费留”：命：名也。“费留”，曹操注：“若水之流，不复还也。”此言若不及时赏赐士卒，将士不用命，致使战争拖延或失败，军费将如流水般逝去。

3 虑：《说文》：“虑，谋思也。”此言思索、想到。

4 良将修之：明智的将领应很好地研究这个问题。

5 非利不动：于鬯《香草续校书》云：“当指士卒言，谓非有所利，则不为我动也。”全句言对我无利则军队不行动。

6 非得不用：于鬯《香草续校书》云：“非有所得，则不为我用也。”全句意为没有必胜的把握则不出动军队作战。

7 非危不战：危：紧急。于鬯《香草续校书》云：“非有所危，则不为我战也。”

8 愠：怨愤、恼怒。

9 怒可以复喜，愠可以复悦；亡国不可以复存，死者不可以复生：梅尧臣注：“一时之怒，可返而喜也；一时之愠，可返而悦也。国亡军死，不可复已。”其说颇是。

10 故明君慎之，良将警之，此安国全军之道也：张预注：“君常慎于用兵，则国可以安；将常戒于轻战，则可以全军。”全句意为明智的国君要慎重，贤良的将帅要警惕，这是安定国家、保全军队的重要原则。

［译文］

凡打了胜仗，攻取了土地城邑，而不能巩固战果的，会很危险，这种情况叫作“费留”。所以说，明智的国君要慎重地考虑这个问题，贤良的将帅要严肃地对待这个问题。没有好处不要行动，没有取胜的把握不能用兵，不到危急关头不要开战。国君不可因一时愤怒而发动战争，将帅不可因一时的气愤而出阵求战。符合国家利益才用兵，不符合国家利益就停止。愤怒还可以重新变为欢喜，气愤也可以重新转为高兴，但是国家灭亡了就不能复存，人死了也不能再生。所以，对待战争，明智的国君应该慎重，贤良的将帅应该警惕，这是安定国家和保全军队的基本道理。

用间第十三

［题解］

本篇主要论述使用间谍侦察敌情在作战中的重要意义，孙武把间谍分为乡间、内间、反间、死间、生间五种。所谓乡间，就是利用敌国乡里的普通人为间谍；所谓内间，就是利用敌国的官吏为间谍；所谓反间，就是利用敌方的间谍来为我所用；所谓死间，就是故意对外散布虚假的情况，让我方间谍知道，然后传给敌方；所谓生间，就是派往敌方侦察敌情以后能亲自回来报告的间谍。

孙子曰：凡兴师十万，出征千里，百姓之费，公家之奉[1]，日费千金；内外骚动，怠[2]于道路，不得操事[3]者，七十万家[4]。相守[5]数年，以争一日之胜，而爱爵禄百金[6]，不知敌之情者，不仁[7]之至也，非人之将也，非主之佐也，非胜之主[8]也。故明君贤将所以动而胜人[9]，成功出于众者，先知[10]也。先知者，不可取于鬼神[11]，不可象于事[12]，不可验于度[13]，必取于人，知敌之情者也。

［注释］

1　奉：同“俸”，这里指费用。

2　怠：疲惫、懈怠。

3　操事：操作农事。

4　七十万家：指出兵打仗，要有大量的民众承受繁重的徭役、赋税，不能正常地从事劳动。曹操注：“古者八家为邻，一家从军，七家奉之，言十万之师举，不事耕稼者七十万家。”

5　相守：相持。

6　爱爵禄百金：指吝啬爵位、俸禄和金钱而不肯重用间谍。爱：吝啬。爵：爵位。禄：俸禄。

7　不仁：这里指不顾国家和民众的利益。

8　非胜之主：意为不是能打胜仗的好国君。主：国君。

9　动而胜人：指一出兵就能战胜敌人。动：举动，这里指出兵。

10　先知：指事先知道敌人的情况。

11　取于鬼神：指用祈祷、祭祀鬼神和占卜等办法去取得。

12　象于事：指以过去相似的事物做模拟。象：同“像”，相类似。

13　验于度：指以日月星辰运行的位置来占卜吉凶祸福。验，应验。度：度数，指星宿的位置。

［译文］

孙子说：凡出兵十万，千里征战，百姓们的耗费，国家的开支，每天要花费千金；举国骚动，民众服役，疲惫于道路，不能从事耕作的七十万家。战争双方相持数年，是为了取胜于一旦，如果吝啬爵禄和金钱，不肯重用间谍，以致不能了解敌人情况而遭受失败，那就太“不仁”了。这样的将帅，不是军队的好将帅，不是国君的好助手；这样的国君，不是能打胜仗的好国君。英明的国君，良好的将帅，之所以一出兵就能战胜敌人，而成功超出于众人之上的，其重要原因，在于他事先了解敌情。而要事先了解敌情，不可用迷信鬼神和占卜等方法去取得，不可用过去相似的事情做模拟，也不可用观察日月星辰运行位置去占卜，一定要从了解敌情的人那里去获得。

故用间有五：有乡间[1]，有内间，有反间，有死间，有生间。五间俱起，莫知其道[2]，是谓神纪[3]，人君之宝也。乡间者，因其乡人而用之[4]。内间者，因其官人而用之[5]。反间者，因其敌间而用之[6]。死间者，为诳事于外[7]，令吾间知之，而传于敌国也[8]。生间者，反报也[9]。

［注释］

1　乡间：间谍的一种。

2　五间俱起，莫知其道：五种间谍都使用起来，就能使敌人摸不到规律，无从应付。道：途径、规律。

3　神纪：神妙莫测之道。纪：道。

4　因其乡人而用之：指利用敌国的普通人做间谍。因：凭借、根据，这里引申为利用。

5　内间者，因其官人而用之：官人，指敌国官吏。这句意为，所谓内间，是指收买敌国官吏做间谍。例如，秦将王翦率兵进攻赵国，赵派大将李牧和司马尚进行抵御。李牧善于用兵，过去常常打败秦军。秦军想要把李牧除掉，便用重金收买赵王的宠臣郭开等人，使其散布谣言，说李牧、司马尚图谋反赵。赵王信以为真，便派赵葱和颜聚代替李牧为将，将李牧斩首，并罢了司马尚的官。第二年，王翦知李牧被杀，便进行急袭，大败赵军，俘虏了赵王，灭了赵国。

6　反间者，因其敌间而用之：所谓反间，就是收买或利用敌方派来的间谍，使其为我所用。

7　为诳事于外：故意向外散布虚假的情况，假装泄露了机密，以欺骗、迷惑敌人。诳：迷惑、欺骗。

8　令吾间知之，而传于敌国也：指让我方间谍了解我所故意泄露的虚假情况，并传给敌人，使敌人上当。事发之后，我方间谍往往会被处死。有的版本此句为："令吾间知之，而传于敌也。"

9　生间者，反报也：所谓生间，是指派往敌方了解情况后能亲自返回报告情况的人。反：同"返"。

[译文]

使用间谍有五种：有“乡间”，有“内间”，有“反间”，有“死间”，有“生间”。

五种间谍都使用起来，就能使敌人摸不到规律而无从应付，这就是所谓“神纪”，是国君制胜的法宝。所谓“乡间”，是指利用敌国乡里的普通人做间谍。所谓“内间”，是指收买敌国的官吏做间谍。所谓“反间”，是指收买或利用敌方派来的间谍为我效力。所谓“死间”，是指故意散布虚假情况，让我方间谍知道而传给敌方，敌人上当后往往将其处死。所谓“生间”，是指派往敌方侦察后，亲自返回报告敌情的人。

故三军之事，莫亲于间[1]，赏莫厚于间，事莫密[2]于间。非圣智[3]不能用间，非仁义不能使间[4]，非微妙不能得间之实[5]。微哉！微哉！无所不用间也。间事未发而先闻者，闻与所告者皆死。

[注释]

1 三军之事，莫亲于间：军队最亲信的人中没有比间谍更为亲信的了。汉简《孙子兵法》《通典》和《太平御览》皆作“三军之亲，莫亲于间”。

2 密：秘密、机密。

3 圣智：指才智过人。

4 非仁义不能使间：这里指不吝啬优厚的爵禄赏赐，并以诚相待。这样，间谍才决心为其效命。

5 非微妙不能得间之实：不是用心精细、手段巧妙的将领，不能取得间谍的真实情报。微妙：精细奥妙，这里指用心精细、手段巧妙。实：指实情。

［译文］

所以军队中的亲信，没有比间谍再亲信的了，奖赏没有比间谍更优厚的了，事情没有比用间更机密的了。不是才智过人的将帅不能使用间谍，不是“仁义”的将帅也不能使用间谍，不是用心精细、手段巧妙的将帅不能取得间谍的真实情报。微妙啊！微妙啊！真是无处不可使用间谍呀。用间的计谋尚未施行，就被人先知道了，知道的人和所泄露的人都要被处死。

凡军之所欲击，城之所欲攻，人之所欲杀，必先知其守将[1]、左右[2]、谒者[3]、门者[4]、舍人[5]之姓名，令吾间必索知之。必索敌间之来间我者，因而利之，导而舍之[6]，故反间可得而使也。因是而知之[7]，故乡间、内间可得而使也。因是而知之，故死间为诳事，可使告敌。因是而知之，故生间可使如期。五间之事，主必知之，知之必在于反间，故反间不可不厚也。

[注释]

1 守将：主管将领。

2 左右：指守将身边的亲信。

3 谒者：指负责传达通报的官员。也说指接待宾客事务的官员。

4 门者：指负责守门的官吏。

5 舍人：指守将的门客幕僚。

6 导而合之：设法诱导他，并交给一定的任务，然后放他回去。导：引导、诱导。舍：释放。

7 因是而知之：指从反间那里得知敌人内情。

[译文]

凡是要攻击的敌军，要攻占的城邑，要击杀的敌方人员，必须预先了解主管将帅及其左右亲信、掌管传达通报的官员、负责守门的官吏以及门客幕僚的姓名，务必命令我方间谍侦察清楚。必须查出敌方派来侦察我方的间谍，以便依据情况进行收买、利用，要经过诱导或交代任务，然后放他回去，这样，反间就可以为我所用了。

从反间那里得知敌人情况之后，乡间、内间就可得以使用了。因从反间那里得知敌人情况，所以散布给死间的虚假情况就可以传给敌人。因从反间那里得知敌人情况，所以生间就可遵照预定的期限，回来报告敌情。五种间谍使用之事，国君都必须懂得，其中的关键在于会用反间。所以，对反间不可不给予优厚的待遇。

昔殷[1]之兴也，伊挚[2]在夏[3]；周[4]之兴也，吕牙[5]在商。故明君贤将，能以上智[6]为间者，必成大功。此兵之要，三军之所恃而动[7]也。

［注释］

1 殷：公元前17世纪，商汤灭了夏桀后建立的国家，建都亳（今河南商丘市北），历史上叫商代。后来，商王盘庚迁都到殷（今河南安阳小屯村），因而商亦称殷。

2 伊挚：伊尹，原为夏桀之臣。商汤灭夏时，用他为相，灭了夏桀。

3 夏：夏启所建立的王朝，建都安邑（今山西闻喜东南）、阳翟（今河南禹县）等地。传到桀，为商汤所灭。

4 周：公元前11世纪，周武王灭商后建立的王朝，建都镐京（今陕西西安）。

5 吕牙：姜子牙，俗称姜太公。曾为殷纣王之臣。周武王姬发伐纣时，用吕牙为“师”，打败了纣王。

6 上智：指具有很高智谋的人。

7 所恃而动：指依靠间谍所提供的情报而采取行动。恃：依靠。

［译文］

从前商朝的兴起，是由于重用了在夏为臣的伊尹；周朝的兴起，是由于重用了在殷为官的吕牙。所以，英明的国君、贤能的将帅，能用有大智的人做间谍，一定能成就大的功业。这是用兵作战的要事，整个军队，都要依靠间谍提供情报而采取行动。

第三篇　《孙子兵法》的文化解读

一、看得见的文化传承

（一）再认识中国文化传统

1. 对“中国”这两个字的理解

1963年出土于陕西的周初青铜器“何尊”，其铭文上出现了“宅兹中国”四个字，但在商周之际，“中国”这个词曾用“华夏”来代称。何谓华夏？“有章服之美，谓之华，有礼仪之大，故称夏。”章服就是服装，即有服装的美丽、华丽。“华”这个词的意思，到现在也一直在沿用。之所以当时讲服装的美丽，是因为当时华夏民族与其周围的族群是分别用“华”和“夷”的概念来表述的。“夷”是夷狄，指少数民族族群。《论语》中孔子就说过：“微管仲，吾其被发左衽矣。”意思是，如果没有齐国的管子，恐怕我们也要披散着头发，衣襟向左开。所以说，服装不仅是用来遮羞的一种简单的工具，也代表一种文化。著名书法家于右任自称，“右衽”就是和“左衽”反其道而行之，表明他对中国文化的坚持。何谓“夏”？在文献里是指礼仪的问题，“有礼仪之大，故称夏”。但是这里的“礼仪”并不仅仅指礼貌的概念。孔子从制度上强调礼仪，所以有人问什么是礼仪，孔子说“君君臣臣，父父子子”即为礼仪。“礼仪”在过去被当作一种封建的制度，每一个阶级的人在各自的位置上都要负责任，不可为所欲为。在日常生活中也要讲“礼”，中国自古以来喝酒、游戏、行走都有礼仪，所以我们才有“礼仪之邦”的美誉。“华夏”代表一种文化的概念。在历史文献中我们可以看到：“四夷”是早期的华夏族人对周边民族的称呼。东有东夷，西有西戎，南有南蛮，北有北狄。这是中国最早“四夷”的概念，它不是简单的地理表达。《战国策·赵策》中描述：“中国者，聪明睿智之所居也，万物财用之所聚也。”中国在古代是农业文明最发达的国家，且一直延续到18世纪的清代，也就是说在西方工业革命前，中国已经非常富有了。又说：“圣贤之所教也，仁义之所施也，诗书礼乐之所用也，异敏技艺之所试也。”中国不仅创造了物质财富，也倡导礼仪诗书教化。新的农业生产技术不断使用，“远方之所观赴也，蛮夷之所义行也”。在那时远方族群可以来中国参观学习，因为中国有适合各族群发展的文化、生产技术。这可以看出，“中国”被视为“先进”文化和文明的代表。“中国”这个概念在汉代也在使用。如汉代蜀地织锦护臂上有八个汉隶文字“五星出东方利中国”，这是1995年10月在新疆和田尼雅河流域考古时，在一具保存完好的汉代古墓的绣片上发现的非常精美的织锦。这大概是中国古代讨伐古羌族占星预测的一种表述。到了宋代，辽金攻打中原地区。宋代著名学者石介（徂徕先生）的文章《中国论》，在论中国与夷狄的关系时表达过如下观点：当你还在住洞穴的时候，中国已有了建筑；当你还穿皮毛的时候，中国已有了服装；当你还没有文字时，中国已有了文字记载历史。如果你来学习，我来教你；如果你不来学习，我们各自为安、互不相扰。可见，宋代的中国是当时世界上最强大的国家之一。

1988年，我曾与一位美国的犹太籍学者讨论了一个问题。我问他是否了解古代中国，他说不了解。我又问他是否了解二战时犹太人来中国的历史？他说他知道二战时一部分犹太人受到法西斯迫害，从当时的符拉迪沃斯托克（海参崴）来到上海，得到了中国人的接纳和款待；他说还知道，有一年春节海外犹太人组建感恩团参观访华，回想父辈的居住经历，对中国政府和人民表示感谢。其实，他不知道的是犹太人早在宋代之前就已来到中国，河南开封现在还有犹太人的后裔存在，由此可以看出那时中国就是一个开放的国家了。大量的文献记载表明，中原地区与周边族群都有来往，中国与周边族群一直是睦邻友好的关系。尽管文化、经济、军事都领先于对方，却也没有采取侵害、掠夺等霸权行为。有一部美国电影叫《与狼共舞》，讲述了欧洲移民到美洲大陆开拓疆土，对大量的原住民进行屠杀的历史，这一情形与此形成鲜明的对比。所以说，中国几千年来与周边民族都处于不断融合的过程中，中国领土的扩大依靠的不是战争与武力，而是文化认同和共同的归属。

2. 古代的中国文化在现代有何意义

第一个要明确的是，“传统”和“现代”这两个概念，不是简单的时间上的概念。“传统”并不专指过去，“现代”也并不专指当下。从文化意义上讲，我们就是在传统中生存，传统无时无刻不在影响着现在。

其实，现在我们对中国历史文化及世界其他国家文化还不是很了解，我们与世界上大多数国家没有建立一个充分的文化联系。现在出过国的中国人可以说，对美国、英国的了解要比对自己国家的了解还要多。如果说在改革开放的前三十年里，第一个十年是“中国加工”，出口的大都是初级加工产品；第二个十年是“中国制造”，我们出口的产品已经有了技术含量，并且占据了一定的地位；第三个十年应该是“中国智慧”，我国的产品在西方很流行，但是西方还是不了解我们。我们也不了解自己，我们没有做到在文化产品流向世界并占有重要地位时，赋予其文化附加值。比如，强大的宋代和周边族群的友好相处。晚清资产阶级改良主义代表人物康有为对中国几千年的历史作了一个概括："中国能礼仪则中国之"，即中国能够坚守自周代以来的礼仪文化就是中国；"中国不能礼仪则夷狄之"，即中国如果不能坚持，就会沦为落后的夷狄族群；第三句话非常重要，"夷狄能礼仪则中国之"，即落后的族群理解了中国文化，那么他们就是中国。历史赋予"中国"两个字这么丰富的内容，可是我们并没有理解。一个民族无论如何都无法脱离自己历史上与其他族群相互融合的历程，所以说，立足于传统文化的决策才会更清醒、更明智。

（二）中华民族伟大复兴需要"返本开新"

1935 年，著名历史学家陈寅恪讲了一段非常著名的话：纵观中国三千多年的历史，告诉了我们一个道理，就是在我们大胆地向外来民族学习的同时，不要忘记我们民族的本位文化。我把这段话概括为"返本开新"。

我从 20 世纪 70 年代末开始教书，教了一大批外国留学生，所教的学生都对中国有感情。2014 年，我带着学生去埃塞俄比亚，埃塞俄比亚总统也是我教过的学生。他们接受的就是我们的光辉历史，就是中国文化给人类社会提供的文明，而我们很多人却不重视自己的文化传统。数十年来，我们对自己的历史文化没有足够了解，我觉得是一个问题。现在，要特别强调中国传统文化的重要意义和价值，要理解过去，理解传统和现在；传统无时无刻不影响着我们。

1. “仁者寿”——“国无德不兴，人无德不立”

中国有句古话叫“仁者寿”。“仁者”就是有德的人，所以“仁者寿”可以理解为：有德的人就会长寿。“德”在中国文化中有两个解释，即小德和大德。其实，《大学》里讲得很清楚，格物致知，诚意正心。修身完成后要齐家，齐家完成后要治国，治国完成后要平天下，所以小德就是修身、齐家，大德就是治国、平天下。因此，人到了一定的时候，要有民族社会的担当精神，这是大事。无德的人没有声誉，无德之人也没有命，很快就死掉了。所以孔子说“富润屋”“德润身”，老子说“以德延年”。如果要延长生命，就要依靠道德修养，这个德是自我修身的小德和民族社会国家担当的大德。

清代学者、桐城派散文创始人方苞，是这样解释“仁者寿”的：“气之温和者寿”——脾气温和的人长寿；“质之慈良者寿”——对他人的关心关爱是发自本心的，这个人会长寿；“量之宽宏者寿”——宽宏就是宽容，既可以宽容朋友，也可以宽容一个不大喜欢的人，有这样的度量就会长寿；“言之简默者寿”——人与人之间经常会因为一些小事争来争去，语言不能把自己想的东西清楚地表达给对方，再加上看问题的角度不同，生活背景、知识结构不一样，常常斗气，气则伤身，反之则有益长寿。所以说，“气之温和者寿，质之慈良者寿，量之宽容者寿，言之简默者寿，故仁者寿”。他对“仁者寿”、对养生的论述非常有道理。

北京大学哲学系的老同志，70%以上的故去者，寿命都在85岁以上。在中国文化书院有一个不成文的规定，80岁才可以过寿，如果活不到80岁就算“夭折”。每位老先生身体都非常好，没有太多的不良嗜好。比如杨宪益先生，每天抽烟三包，喝酒不能少于半斤，95岁过世。这些老先生之所以长寿，其实就是因为他们是仁者，他们不去想个人问题，更多的是在想民族、社会和国家的问题。孔子说“仁者寿”是非常正确的。从这个角度来说，我们的历史文化和今天不可能没有关系。“国无德不兴，人无德不立”，这都与中国文化传统价值观念有紧密的联系。

老子说“以德延年”，又说“死而不亡者寿”，但这个“死而不亡”很难理解。魏晋时期的经学家王弼注解说：“亡者忘矣，其道犹存。”“亡”是“忘”的通假字，中国文化里的一个可以借代的词，“亡”不是死亡的“亡”，是忘记的“忘”。所以老子这句话的意思是，死而不忘者寿。人虽然死了，没被忘记，所以长寿。我们很少用到这个词，其实用今天的说法叫作永垂不朽。

春秋时代有“三不朽”的说法——三种东西不会腐朽，第一个是立德，第二个是立功，第三个是立言。这三种“立”不会随着生命的消亡而消亡，因为“其道犹存”。这里有一个很重要的概念，就是“道”。“道”字的本义就是道路，可是在老子那里就不是道路的“道”了，而指万物存在的根本，“道生一，一生二，二生三，三生万物”。

另外一个词，就是器，器物的“器”。“道”和“器”

这两个词最早是在《易经·系辞》里出现的。“形而上者谓之道”，有形上的东西就是道，有形上的东西就是无，“无”并不是现代汉语里空无的意思。这个“无”是没法用具体语言来表述的、万物存在的根本，无处不在。庄子说，“道”在草稗、瓦砾中，看不到，却是万物存在的根本。“形而下者谓之器”，器就是有形的东西。茶杯，就是有形的东西，可以用语言来描述；扩音器，里面有个芯片，把声音放大传给别人听到，可以用语言表述。这二者之间的关系就是“道在器中，以道御器”。既然古时不能用语言表述，那现代能不能尽量地表述出“道”是什么呢？其实就是四个概念：境界、规律、次序、道德。这四个词大概能把“道”所蕴含的意思表达出来。

在日本，“道”字是经常会用到的一个字。在日本的生活环境中，有很多“道”，比如我们所说的茶艺，他们称为茶道；我们所说的书法，他们称为书道；还有插花叫花道、两个人摔跤叫柔道等。人能够在具体的活动中提升境界、锻炼意志，所以叫作道。

中国古代的军事学著作里，《孙子兵法》中就提到了“道”的概念。《孙子兵法》开篇就讲，“兵者，国之大事”，战争是国家最重要的事情；“死生之地，存亡之道，不可不察也”，关乎百姓的死亡问题，关乎国家的存亡问题。《孙子兵法》随后就讲“一曰道”，“道”是什么？孙子说，“道”是“令民与上同意也”，比如说打仗，必须让百姓同意，而百姓凭什么要同意呢？统治者要做到“善附民也”，就是要把好的东西带给百姓，所以百姓会去打仗，会去抗击外敌的侵略。

2.“礼义廉耻，国之四维”

习近平总书记多次讲中国文化传统在当前的意义和价值，我们要领悟这些讲话的深意。我们一般认为，传统的属于过去，就是糟粕，现在的东西就是进步的。其实没那么简单，如果我们不讲礼仪传统，对一些概念的理解就不对了。比如，社会主义核心价值观，有个人、社会、国家三个层面，十二个概念，二十四个字。

管子也提出过社会核心价值观念，就四个字——“礼义廉耻”。

“礼”是秩序，一个国家必须强调秩序，要讲礼仪、廉耻，要讲制度、社稷。“义”就是正义，做人要守着义的原则，不可以苟全，无限地去追求利。孔子说：“君子喻于义，小人喻于利。”君子喻于义，并非完全不要利。《论语·述而》中说：“富而可求也，虽执鞭之士，吾亦为之；如不可求，则从吾所好。”假使财富合乎于道，就是替人拿马鞭跟在后面跑也愿意去做；如果不合于道，那我还是做我喜欢的事吧。你看，这是有利益追求的。所以他说：“富与贵，是人之所欲也，不以其道得之，不处也；贫与贱，是人之所恶也，不以其道得之，不去也。君子去仁，恶乎成名？”意思是说，富裕和显贵是人人都想得到的，但不用正当的方法得到它，就无法享受；贫穷与低贱是人人都厌恶的，但不用正确的方法摆脱它，就无法摆脱。君子如果离开了仁德，又怎么能叫君子呢？这也是《易经》中所说的“以义取利，不谓之利，而谓之义”。所以，我们在讲这个概念的时候就会强调，在义和利、名和利的关系当中，儒家并不是要放弃利。“礼义廉耻”中的这个“义”，讲的是要遵守社会秩序。

“廉”就是廉洁，“耻”就是知耻。在传统社会的蒙学教育里，刚开始就要学习这四个字——“礼义廉耻”。其实，幼儿教育不要讲那么多概念，幼儿教育就是蒙学教育，从小开始，要知道打扫房间、洒扫庭院，要有长幼之分，长大了才有集体、社会、国家的观念。明末清初思想家顾炎武说四维当中有一要，这一要就是“知耻”，如果不知耻，礼、义、廉也建立不起来。

要解决我们的立场、观念和方法的问题，就必须回到传统文化中。传统社会与古代社会所讨论的问题，虽然是给当时的统治阶级作参考的，但是过了几千年，老子、孔子、墨子、庄子等先贤的话对现在也有启发意义。所以，我们怎么可以把老祖宗丢掉呢？对过去，不是不能批评，但不能全盘推倒重来。所以，我们必须要了解自己民族的历史。

习近平总书记号召回到我们自己优秀的文化传统中，这不是一两天就能完成的，要从娃娃抓起。我们必须对自己的文化传统有所了解。我对学生说：不要以为你用的名词是创造性的，其实这些名词在古代就有了，比如浮云、神马、达人，《论语》里“己欲立而立人，己欲达而达人”，所以我们是没办法离开文化传统的。回到传统，去理解传统，很多传统经过我们的解构成为今天的印记。

（三）中国哲学是中国文化的精神核心

在文化的学习中，改变思维方法是一个重要方面。国学是变化的哲学，学习中国文化能够改变我们的思维方式。比方说，我们一直在讲“一分为二”，而马克思讲的对立统一规律叫“合二为一”。18 世纪末 19 世纪初，马克思在欧洲被称为三大重要社会学家之一，他的思想对今天的欧洲社会还有重要影响。这几年欧洲经济不好，欧洲好多人都在研究马克思的著作。2013 年，马克思的书在德国销量很好，他的理论至今受到关注。中国的文化传统能不能寻找一个思维方式，不只是简单一分为二地思考问题呢？敢于寻找一个“一分为三”的方法去思考问题，是庞朴先生最早提出的，他是中国社会科学院历史研究所的教授，也是我的导师。什么叫“一分为三”？这要和一个词联系到一起，就是“中庸”。1985 年，我专门写过一篇文章谈论“中庸”这个概念。过去对“中庸”的理解是错误的，在某些文章里对“中庸”的理解就是折中、调和。《论语》中说：“中庸之为德也，其至矣乎。”中庸是最高的德，比“仁义礼智信”这些概念还要高。所以，它首先是一种道德，同时还是思考问题的方法，这就确定了中国的思维方式相比西方走了不同的路线。中国讨论一个人的智慧是从德开始的，西方讨论一个人的智慧是从知识开始的，也就是说认识的客体和认识的外部事物是不一样的。认识的主体如何达到对认识的客体的认识，认识的来源是什么，认识的过程是什么，认识的真理问题，认识的标准问题，这些都是中西方两个不同的文化发展的不同路向。哲学不等同真理，不能用对和错来讨论；哲学就是一个人的思维方法、观念行为，不能说对和错。

“二元对立”的说法是受到苏联日丹诺夫的影响，他当时在苏联教育里讲，哲学史就是唯物主义与唯心主义的斗争史，唯物主义等于进步，唯心主义就是错误。所以我们从20世纪50年代开始就这样讲。哲学强调主体和客体，不强调什么对错。就是说，这是我的想法，你要认同就认同，不认同就反对。明代思想家、心学集大成者王阳明强调主体意识的能动性：看深山里的花，我看的时候，它就在那里光鲜亮丽；我不看，它就寂寂无闻。跟我有什么关系？我心无外物，你愿意接受就接受，不愿意接受就不接受。唯心主义这个词可以翻译成唯心论，也可以翻译成理念论，也可以翻译成观念论——这都是唯心主义。王阳明讲的是心与物同体，物不能离开心而存在，心也不能离开物而存在，所以他说“心外无理”。一本书今日读一处，明日读一处，豁然开朗，就有知识了，这都是外在的。王阳明说，这是先知后行，他主张的是知行合一，不需要读几年《孝经》才回家孝敬父母。王阳明说知行合一，这都不是用对错来衡量的，这都是他本人的主张，不要把哲学当成真理性的东西。再回到之前，中国文学家强调知识和道德连在一起，所以人们读到《孙子兵法》第十三篇《用间》时，文章里面详细描写了五种间谍的作用，最后写了一句话："非圣智不能用间，非仁义不能使间。"圣智是什么意思？是指有德的人。庄子给儒家概括了四个字——"内圣外王"，必须是有德的人才能称王，才能有治理国家的本领。这要求统治者必须有权威，更强调现在的管理者要有德。所以说，"中庸"这个词首先标示着一个人的道德水平，同时也是思考的前提，它不仅是一个道德问题，也是思考方法的问题。

"叩其两端而执中"，这是《论语》中的话。说"叩其两端"，这两端是指事物的形式、内容、原因、结果、本质、现象和性质完全极端对立的两个事物，研究这两端的时候要执中。这个"中"强调的是变通，所以前面加个词叫"执中"，即适时变化的意思，不是固定的两分法。"中"其实就是"三"，"三"就是第三个角度。在中国古代，三不是一二三的三，是多的意思。老子所谓："道生一，一生二，二生三，三生万物。""执中无权"，在中国的话语里"权"是变的意思。执中不能不变，研究事物的两端要从第三个角度去思考。古代圣王舜，称他为圣王是因为他是一个大孝子。舜娶了一个老婆，没告诉父母，这是娶而不告。古代成家立业是大事，大孝子却不告诉父母，因为如果他把这件事告诉父母，父母就会不让他娶。这就形成了两端，一个是"娶而不告"，另一个是"告而不娶"。如果你在娶还是不娶这两端思考，就会纠结。按照叩其两端取其中的方法，能不能从第三个角度思考问题呢？“不孝有三，无后为大。”什么是不孝有三？第一，尊亲。但中国文化的“老”是有条件的，如果为老不尊、为父不慈，那我就不孝了。在《孟子》里，皇帝和大臣之间的关系也是一样的：“君视臣如手足，则臣视君如腹心；君视臣如土芥，则臣视君如寇仇。”第二，弗辱。就是父母在世时我们不能违法乱纪，使父母蒙羞，这会让父母折寿。第三，能养。父母在世，我们努力工作，给父母买个大房子；父母过世了，我们选一个好的墓地把父母安葬。孔子的弟子问孔子，能养算孝吗？孔子说，如果能养算孝，那你和动物没太多差别，乌鸦还知道反哺老乌鸦呢。“不孝有三，无后为大。”无后才是最大的不孝，因此舜不再纠结告还是不告。从这里能够看出，不要简单地用两分法看问题，要叩其两端而从第三个角度思考。“执中无权”就是执意没有变化。在古代中国，男女授受不亲，作为一个男人不能随便触碰女人的身体，这是古代对女人最大的保护。既然这是一个大的原则，那么嫂溺该怎么办？是授受不亲呢，还是援之以手？权也。一定要权变，时间空间变了，要学会变化。没有规矩，不成方圆。你的原则不可能在每一个时间空间都永恒适用。恩格斯在马克思墓前说，我们两人研究的问题结论不重要，我们思考问题的方法，或许对后来人有一些影响。但不能用同样的方法解决不同的问题。马克思的一些论断，其中具有普遍性的规律对我们有指导、学习意义，但我们不能一成不变地把它们当成僵死的教条，这是不符合马克思主义的。

关于“一分为三”，我们可以谈两个例证。首先，《孙子兵法》中说：“卒未亲附而罚之则不服，不服则难用。”这是说没有让下属亲近，而仅仅依靠制度来处罚，罚之而不服，受罚者就算不说出来，心里也不痛快。这样的下属，用起来也不好用。还有一种“卒已亲附而罚不行，则不可用也”，是说下属已亲附，而只知奖不知罚，真用时也不会服从。这告诉我们两个问题：一是强调制度的管理，缺乏情感管理；一是强调情感的管理，缺乏制度管理。应该在制度管理上加强情感管理，在情感管理上一定要重视制度管理，情感、制度你中有我，我中有你，这也是三，也是“一分为三”地看问题。春秋战国时期讲“政宽则民慢”，政策制定得太宽松，下面的人就会散漫。“政宽则民慢，慢则纠之以猛；猛则民残，残则施之以宽。”百姓怠慢了就要施行严厉的政策，政策严厉了就会伤害百姓的感情，然后就接着实行宽松的政策。所以换个角度看，应该宽中有严，严中有宽，以猛济宽，以宽济猛，宽猛相济。哲学并不强调正确性，哲学只是告诉我们一种思维方法，如果运用了这种思维方法，你就走向了自由广阔。

“和”与“同”。“和”是中国文化非常重要的元素，但太多人都理解错了，“和”不是和气、没有差异的意思。“和”强调的是多元化、多元性，而不是一致性。“礼之用，和为贵。”墨子的意见主张“尚同”。“同”是统一思想，统一意志，如此才可以管理社会、管理国家。墨子是非常了不起的思想家，在某种意义上讲，墨子是中国侠文化的代表。

关于“和”与“同”之辩，有这样一个小故事。

齐国第四代王齐景公有一个喜欢的大臣叫梁丘据。景公问晏子，他和他喜欢的大臣是“和”的关系，还是“同”的关系呢？晏子说，他俩的关系是“同”而不是“和”。景公问，什么叫同，什么叫和。晏子说，“同”是因为您是大王，您说是，臣子就说是，您说否，臣子就说否，臣子永远与您保持一致；“和”就是您说得对，也允许臣子提反对意见，您说是，臣可以否定。《论语》说：“君子和而不同，小人同而不和。”君子有这样的道德，有这样的胸怀，所以不同的人的话都可以听得进去。但是小人最喜欢吹捧，最不想听到他不想听到的，无论你怎样去说明一个问题，提出什么样的意见，他只想听到你吹捧他。今天我们讨论什么是道德智慧，什么叫小人，什么叫君子。其实道理很简单，广开言路，听得进意见的人就是君子，听到不同意见就生气的就是小人。所以说，“和”强调的是多样化、多元性，“同”强调的是同一性、同质性，这是非常重要的。儒家强调的多元化、多样性与我们提出的建设和谐社会是一致的。

如上，就是我阐述的中国文化的基本精神，概括为“中国的智慧”。

二、《孙子兵法》中的大智慧

（一）十三篇主旨

《孙子兵法》素有“兵典”“武经”“百代兵家之师”的美誉，全书总结了春秋末期及其以前的战争经验，揭示战争的一般规律及具有普遍意义的作战和治军原则，在世界军事史上占有重要且突出的地位。书中不只讲了“谋略”“诡计”，尤其是对战争的本质进行了深刻的反思，汇聚了中国古代兵学思想的精粹。

《孙子兵法》共十三篇，全文约六千字，各篇既独立成章，又自成体系，相互联系在一起。接下来，我们就对这十三篇文章的主旨进行分析。

1. 始计

本篇可以说是《孙子兵法》的总纲，从全局的高度来论述作战的基本要领。孙武指出，在战争中必须根据利害关系和不断变化的形势进行研究和谋划，采取机动灵活的措施，做到“攻其无备，出其不意”地打击敌人。谋划周密就可能在战争中获胜，谋划不周难以获胜，不谋划则注定要失败。

此外，战前必须对敌我双方的基本条件作周密的研究和比较，以便制订正确的作战计划。而对决定战争胜负的“道”（道义）、“天”（天时）、“地”（地利）、“将”（将帅）、“法”（法制）比较清楚了，就基本可以判断战争的胜负。

孙武指出了决定战争胜负的基本条件，即“五事”“七计”。只有在对这些条件进行研究、考核和比较的基础上，分析敌我双方的强弱优劣，才有可能预测和判断战争的胜负。为了取得战争的优势与主动，他还提出了“攻其不备，出其不意”的战术，强调以灵活机动、快速多变、欺敌误敌的战法来打击、消灭敌人。

在本篇中，孙武强调：战争是关系国家和人民生死存亡的大事，必须高度重视开战之前的谋划。这其中蕴含着一种“慎战”的思想，即关系国家安危的战争问题必须谨慎对待，如果没有周密的部署和准备，绝不能随意开战。

2. 作战

本篇论述速战速胜的重要性。因为出兵打仗要损耗大量的人力、物力和财力，一旦陷入持久战，就会使军队疲惫、锐气挫伤、财货枯竭，其他国家也会乘机进攻。从速胜的思想出发，孙武反对以当时简陋的作战武器去攻克坚固的城寨，也反对在国内一再征集兵员和调运军用物资，而主张在敌国就地解决粮草，主张用财货厚赏士兵，主张优待俘虏，主张用缴获来补充壮大自己。他认为这样做，才能迅速战胜敌人。

3. 谋攻

智取者，以智谋取胜而非以勇力取胜之谓，此乃孙武之所重，故本篇一开始就说“上兵伐谋”。然“谋攻”之义较广，泛指谋划攻战——主要是攻城之策。

本篇论述用计谋征服敌人的问题，首先提出“不战而屈人之兵”的基本方针。孙武认为“不战而屈人之兵”是“善之善者”，“全国”“全军”“全旅”“全卒”“全伍”地强迫敌人屈服投降是最理想的作战方案，“破国”“破军”“破旅”“破卒”“破伍”地用武力击破敌人则次一等，“非善之善者”。所以，《谋攻》论述的是用计谋征服敌人的问题。

怎样才能做到“不战而屈人之兵”呢？孙武认为上策是“伐谋”，其次是“伐交”，最后是“伐兵”，即主张通过政治攻势、外交手段和武装力量来征服敌人。在与敌人作战斗争时，如果敌强我弱，应该集中优势兵力战胜敌人，做到“十则围之，五则攻之，倍则分之，敌则能战之，少则能逃之，不若则能避之”，即有十倍于敌的兵力就包围敌人，有五倍于敌的兵力就进攻敌人，有多一倍于敌的兵力就设法分散敌人，和敌人的兵力相等就要善于战胜敌人，比敌人的兵力少就要善于退却，战斗力不如敌人时就要避免与敌人作战，不能强拼硬打。孙武在此篇中提出了“知彼知己，百战不殆”的光辉思想，认为谋略必须建立在了解敌我双方情况的基础上。

4. 军形

本篇主要论述如何用兵才会使自己立于不败之地。孙武认为，战争的胜负由敌我双方力量的强弱来决定。要想战胜敌人，就必须在力量的对比上使自己处于绝对优势，造成一种迅猛不可抵挡之势。除此之外，还要等待敌人可以被我战胜的有利时机，善于抓住敌人的弱点，这样就能轻而易举地战胜敌人。

而要在作战中取胜，就必须善于对待攻和守。兵力不足就防守，兵力有余就进攻。防守时要十分严密地隐蔽自己，进攻时要打得敌人措手不及。这样，就能达到“自保而全胜”的目的。

5. 兵势

上篇言强弱，讲的是如何能成为“胜兵”，使之具有克敌制胜的可能性；而欲使这种可能性变成现实，还必须具有一种强有力的态势。所以，孙武在讲“形”之后，紧接着就讲“势”，“形”和“势”是既有区别又有联系的两个概念。“形”讲的是强弱问题，孙武明言：“强弱，形也。”而“势”讲的是勇怯问题，孙武又明言：“勇怯，势也。”军队既强且勇，何往而不胜？

解决勇怯问题的关键，在于“奇”“正”的运用。所以，孙武说：“战势不过奇正。”只要能够很好地掌握运用“奇”“正”之术，并“择人而任势”，充分发挥人的主观能动作用，那就能够造成一种如“转圆石于千仞之山”的险峻有力的作战态势。有了这种态势，就能高屋建瓴，势如破竹，遇之者毁，遏之者折，甚至能使怯者勇，弱者强。

6. 虚实

本篇论述用兵作战时“虚”“实”的运用与主动权的夺取与保持问题。军事上的“虚”是指兵力薄弱、分散和无备；“实”是指兵力强大、集中和有备。

处理好二者的关系，对战争主动权的夺取和保持关系甚大，而主动权的夺取、保持则是获得战争胜利的基本保证。

孙武指出：如果有了这种主动权，就可以“攻而必取，守而必固”，“进而不可御，退而不可追”，就“能为敌之司命”。至于如何夺取和保持这种主动权，他又提出“避实而击虚”“因形而错胜”“以十击一”“因敌变化而取胜”等具有普遍指导意义的策略原则。

7. 军争

本篇主要论述与敌争夺制胜条件或先机之利，以掌握战争主动权的一般法则，使之处于有利地位，即所谓“常法”。

孙武认为：首先，必须了解各国的政治动向，必须熟悉地形，必须使用向导，做到情况明了；其次，必须行动统一，步调一致，做到“其疾如风，其徐如林，侵掠如火，不动如山，难知如阴，动如雷霆”，“勇者不得独进，怯者不得独退”；最后，要求指挥正确，机动灵活，“避其锐气，击其惰归”。做到以上几点，才能在战争中处于有利的位置。

8. 九变

本篇首先强调“通于九变”的重要，指出只有“通于九变”才算“知用兵”。而要做到这一点，最重要的则是从事物正反两面的联系中去考虑问题，即所谓“智者之虑，必杂于利害”，并以“利”为准则，灵活地运用作战原则。

这里，孙武所讲的五个“有所不”（“途有所不由，军有所不击，城有所不攻，地有所不争，君命有所不受”）和五个“危”（“必死”“必生”“忿速”“廉洁”“爱民”），都含有生动活泼的朴素辩证法思想。至于孙武提出的“无恃其不来，恃吾有以待也；无恃其不攻，恃吾有所不可攻也”的论点，即使在今天也有借鉴价值。

9. 行军

本篇主要论述在出征作战过程中，要根据不同地理条件妥善处理好行军宿营和观察判断敌情的问题。所列三十余条“相敌”之法，均可视为实战经验之总结。通过这些方法，把看到、听到和侦察到的各种现象加以分析，掌握真实的敌情，制订出正确的作战方案，才能获得胜利。

此外，孙武还讲到“取人”问题，提出“合之以文，齐之以武”的“文”“武”兼用原则，既要用道义来教育士兵，也要用法纪来统一步调，这样的军队打起仗来一定能取得胜利，并主张“与众相得”。这种思想观点在当时是难能可贵的。

10. 地形

本篇首列“六地”之名及处置之法，指出：“地形者，兵之助也。”除了论述用兵作战怎样利用地形的问题，还着重讨论了深入敌国作战的好处。孙武分析了九种战地的特点和士兵处在这些地区的心理状态，相应地提出了在这些地区用兵的不同措施，认为深入敌国，等于把士兵投置在危地或陷入死地，他们会迫不得已拼死作战，发挥更大的战斗力；而且深入敌国，还可就地补充军粮；还可因离家太远而不会逃散，服从指挥，一心一意作战，夺得战争胜利。

11．九地

本篇主要论述如何根据客观战略环境条件的不同而采取妥善的作战原则和处置方法。全书唯本篇篇幅较长，内容也较杂乱且有重复，李零《发微》说它“很可能是由各篇编余的零章碎句组成”。清邓廷罗与日本知名孙武学家服部千春也都曾对本篇做过富有成效的研究，并重新整理排列了文字顺序，值得重视。今为保持原本面貌，其基本结构不予变动。

12．火攻

本篇主要论述以火助攻而夺取胜利的有关问题。

孙武认为，火攻有“火人”“火积”“火辎”“火库”“火队”五种，即焚烧敌军的营寨、积聚、辎重、府库和运输设施，着眼点在于摧毁敌人的人力、物力和运输线。这五种火攻方法必须变化运用，我军可以掌握，敌军也可以掌握，应该注意防备。

此外，除了放火的器材必须平时有准备之外，纵火时还要选择天时，要在天气干燥和刮风的日子放火。实施火攻也必须和士兵的进攻互相配合，这样才能发挥火攻的作用，达到夺取胜利的目的。

13．用间

本章主要论述使用间谍侦察敌情在作战中的重要意义。

孙武认为，间谍是作战取胜的关键因素，军队需要借助间谍获得的情报采取行动。那些重“爵禄百金”而不重视使用间谍的人，是“不仁之至也，非人之将也，非主之佐也，非胜之主也”。

孙武把间谍分为五种：乡间、内间、反间、死间、生间。所谓乡间，就是利用敌国乡里的普通人为间谍。所谓内间，就是利用敌国的官吏为间谍。所谓反间，就是利用敌方的间谍来为我所用。所谓死间，就是故意对外散布虚假的情况，让我方间谍知道，然后传给敌方。所谓生间，就是派往敌方侦察敌情以后能亲自回来报告的间谍。同时使用这五种间谍，情报的来源就会非常广泛，在打仗的时候就可以让敌人处于不知所措的状态。

通过分析《孙子兵法》十三篇的主旨，可以总结如下：

慎重对待战争是《孙子兵法》最核心的思想。因为战争可能造成“亡国不可以复存，死者不可以复生”，所以孙武告诫：“明君慎之，良将警之，此安国全军之道也。”

在孙武看来，“善用兵者，修道而保法，故能为胜败之政”。“修道”是修明政治，“保法”是确保法制实行。由此，才能把握战争的决定权。战争可以解决问题，但战争造成的危害也是极大的，不了解“危害”，就不能知道什么是“有利”。由此，“非利不动，非得不用，非危不战”。

在孙武看来，攻城略地不是战争的最终目的。孙武说：“百战百胜，非善之善者也，不战而屈人之兵，善之善者也。”百战百胜，不是高明中的高明者，不用战争而屈服敌人，这才是最高明的。所以“善用兵者，屈人之兵而非战也，拔人之城而非攻也，毁人之国而非久也，必以全争于天下”。孙武主张尽量不用战争的方式解决存亡问题，这种思想应受到了中国古文化中“人本”观念的影响。在连年战争的惨烈祸害下，人们思考出的弭兵止战的办法就是以道德制约战争。

因此，我们看到了《孙子兵法》十三篇的内在逻辑是“屈人之兵而非战”，必推崇“谋略之法”。谋略的本质是“诡”“诈”，正是曹操所注的“兵无常形，以诡诈为道”。谋略非常重要，善用谋略，可以不战而胜。所以，孙武才强调“上兵伐谋，其次伐交，其次伐兵. 其下攻城”。不过，即便孙武重视谋略的重要性，他也要告诫人们：运用谋略的前提，仍然是以道德为“体”，以谋略为“用”。这一点与唐代著名诗人杜牧在注解《孙子兵法》时所提出的“古之兵柄，本出儒术”的观点是一致的。

（二）孙武的战争观

《孙子兵法》既包括战略战术、军事法度、将领的素质、军事心理，也包括天气地理、行军扎营、水势火攻，可以说几乎无所不包，就连对军事间谍的运用也有着十分详细的分类和阐述。

面对这样博大精深的军事思想体系，当今的人们不能不由衷地发出惊叹。孙武在书中全面系统地阐述了自己的政治、军事见解和战略战术思想。

他的军事思想的核心是“不战而屈人之兵”，这一全胜思想在中国乃至世界军事史上都有着深远的意义。《孙子兵法》还反映了孙武朴素的辩证法思想，他在书中指出，在一定条件下对立因素往往是能够相互转化的，有时少可胜多，弱可胜强，哪怕是处于不利地位的也可以反败为胜。

孙武在《孙子兵法》一书中，不仅阐述了战争的基本原则和规律，更为重要的是提出了“慎战”这一核心战争观。作为一位军事家，一位军事思想家，孙武首先明确了对战争的基本态度，即厘清战争与政治的关系、与经济的关系、与国家前途的关系等。孙武并不否定战争，因为在当时，各个国家为了寻求各自利益的平衡，战争是个不可避免的历史现象，战争在这一情况下也是必要的存在，但是他反对穷兵黩武，反对把战争看成解决一切问题的手段。这是孙武战争思想的基本态度，也是他的战争观，可以简单地总结成“慎战”的思想。

在《始计》篇中，孙武开宗明义：“兵者，国之大事，死生之地，存亡之道，不可不察也。”这是对战争最透彻、最精辟的阐释和论断。对于这句千古名言，要从两个方面理解：一方面，高度重视战争和武备。因为战争关系到国家的前途命运、人民的生死存亡，所以必须要慎重对待。尽管《孙子兵法》中并没有过多的阐述，但通篇都能够看出他对战争和武备的极度关切。“重战”并不意味着“好战”，倡导武备也不是穷兵黩武。

另一方面，正因为“重战”，所以更要“慎战”。因为战争有着巨大的破坏性，而且非常残酷，一旦失败，往往要承受沉重的代价。《作战》篇中就描述了战争所造成的大量耗费：“则内外之费，宾客之用，胶漆之材，车甲之奉，日费千金。……国之贫于师者远输，远输则百姓贫；近师者贵卖，贵卖则百姓财竭，财竭则急于丘役。力屈中原、内虚于家，百姓之费，十去其七；公家之费，破军罢马，甲胄矢弓，戟楯矛橹，丘牛大车，十去其六。”《火攻》还有一段极具警示意义的话：“明主虑之，良将修之。非利不动，非得不用，非危不战。主不可以怒而兴师，将不可以愠而致战。合于利而动，不合于利而止。怒可以复喜，愠可以复悦；亡国不可以复存，死者不可以复生。故明君慎之，良将警之，此安国全军之道也。”意思是说，明智的国君要慎重地考虑这个问题，贤良的将帅要严肃地对待这个问题。没有好处不要行动，没有取胜的把握不能用兵，不到危急关头不要开战。国君不可因一时愤怒而发动战争，将帅不可因一时气愤而出阵求战。符合国家利益才用兵，不符合国家利益就停止。愤怒还可以重新变为欢喜，气愤也可以重新转为高兴，但是国家灭亡了就不能复存，人死了也不能重生。所以，对待战争，明智的国君应该慎重，贤良的将帅应该警惕，这是安定国家和保全军队的基本道理。

孙武这种重战而又慎战的思想，是从春秋时期诸侯争霸的战略环境中产生的。当时，任何一个国家都有多个对手，不仅有明面上的对手，也有潜在的敌人，敌、我、友的关系不断变化，错综复杂的客观环境迫使各国既重视战争，也更强调慎战。为此，他还继承了魏绛与楚庄王“有备无患”和臧文仲“国虽小，不可易也；无备，虽众不可恃也”的思想，要求在精神、物质各方面，都要有充分的战争准备，“无恃其不来攻，恃吾有所不能攻”，强调“以虞待不虞”，“立于不败之地”。

（三）治军与管理策略

在孙武看来，军队由平民百姓组成，他们没有经过训练，缺乏纪律性，无法形成战斗力。因此，孙武提出了一系列的具体治军方法。这些办法有很多，包括将领的任用，部队的训练、赏罚等，用《孙子兵法》中的一句话来形容就是“令之以文，齐之以武”，就是要对士兵进行教化，对士兵进行思想教育，用严格的军纪来治理军队。这一点与现代军队的管理思路是完全相同的。

不过，孙武在书中并没有拿出专门的章节来讲治军与管理，但通观全书，其实每篇都蕴含着相关的内容。我们可以把《始计》篇中的“七计”作为线索，来探寻孙武的治军和管理策略。

1.“主孰有道”与将帅选拔

“主”是一个国家的国君，这里可以理解为一支军队的领导者。“道”的含义则很丰富，既包括国君自身的修养，也包括国家的政策法令，同时还有国君的领导艺术。这三种含义相互交织，在不同的情况下可以形成不一样的主次关系。在孙武看来，一个“有道”之主必须从以下三方面进行管理：

第一，国君必须有“道”。这里的“道”，指“道者，令民与上同意也，故可以与之死，可以与之生，而不畏危”。这里的“令”并非命令，而是说国君通过开明的政令让“民”与其保持一致。如果能够做到这一点，“民”便可为了国家的利益出生入死，不管面对多么大的危险都能够勇往直前。

第二，要选拔合适的将帅。对于将帅的作用以及选将用将问题，孙武一直都非常重视。他将国家比作一辆战车，而将帅则是车体两边用以固定和牵引的辅木。“夫将者，国之辅也。辅周则国必强，辅隙则国必弱。”（《谋攻》）将帅能够尽心尽力地对国家，国家就会强盛，反之则会衰弱。“故知兵之将，生民之司命，国家安危之主也。”（《作战》）由于将帅与国家的安危关系密切，所以孙武提出“求之于势，不责于人，择人而任势”，也就是坚持这一原则来选择合适的将领。

第三，要努力提高将帅的带兵水平。孙武认为，国君和统帅无须事事操心，独揽大权，应该相信将领，不要过多地干涉将领的工作：“故君之所以患于军者三：不知军之不可以进而谓之进，不知军之不可以退而谓之退，是为縻军；不知三军之事而同三军之政者，则军士惑矣；不知三军之权而同三军之任，则军士疑矣。三军既惑且疑，则诸侯之难至矣，是谓乱军引胜。”（《谋攻》）把将帅当作提线木偶，一举一动都要予以干涉和操控，将帅在这种情况下是不可能有所作为的。因此，历来善于统兵作战的将帅都反对国君干预。

2.“为将五德”与“为将五危”

“千军易得，一将难求。”之所以会出现这种情况，是因为普通人很难具备成为主将的综合素质。孙武在讨论将帅之才时，提出了“为将五德”和“为将五危”的观点。所谓“为将五德”，是说好的将帅应该具备五个方面的才能：“将者，智、信、仁、勇、严也。”孙武认为“五德”是能否治理好军队、带领军队打胜仗的关键。其中，智即足智多谋，信即言出必行，仁即爱护士兵，勇即勇猛果敢，严即法纪严明。曹操在对这一句作注解时指出：“将宜五德备也。”但是，我们应该知道，将领的“五德”并非天生就具备，也不是突然间“顿悟”出来的，而是要不断学习、不断磨炼，这样才能不断进步，最终成长起来。即便军队指挥官的职位很低，只要他能够做到“智、信、仁、勇、严”，也能够获得成功。此外，孙武还主张统兵的将领需要做到“静以幽，正以治”（《九地》），即考虑问题要安静而长远，管理部下要公正而严格。对于主将的品行，也要“进不求名，退不避罪，唯人是保，而利合于主，国之宝也”（《地形》），即一切以国家利益为重，不能计较个人的得失。

除了“为将五德”之外，孙武还告诫身为将帅者需要竭力避免的五个弱点：“故将有五危：必死，可杀也；必生，可虏也；忿速，可侮也；廉洁，可辱也；爱民，可烦也。凡此五者，将之过也，用兵之灾也。覆军杀将，必以五危，不可不察也。”（《九变》）凡事皆要掌握尺度。在这里，孙武就强调了为将的尺度。“必死”的“必”，指的是过于固执。身为将帅，需要拥有不怕死的精神，但如果超过了限度，就会变成无谓的牺牲；同样，贪生怕死也不可取。“必生，可虏”，是说到了战场上，越是贪生怕死，越有被敌人俘虏的危险。“忿速”是指过于急躁，总想着一蹴而就。“廉洁”是指过于看重自己洁身清廉的名声。“爱民”是指一味迁就，不知权衡利弊。以上都是可能被敌人利用的弱点，需要为将者谨记。

3.“法令孰行”与“令必素行”

凡是有远见卓识的军事家，都很注重以法治军。《孙子兵法》中所说的“法令孰行”，其实讲的就是以法治军问题，这个问题的重点在于如何“行”法。

首先，孙武认为治军应当明确各种法律和规章制度，军令一旦颁布，就要严格执行，不能朝令夕改，不能因人而异。“令素行以教其民，则民服；令不素行以教其民，则民不服。令素行者，与众相得也。”（《行军》）这段话中的“素行”二字非常重要，强调了民众能否服从将令的关键在于将领能否严格执法。

其次，恩威并用、文武兼施。“卒未亲附而罚之，则不服，不服则难用也。卒已亲附而罚不行，则不可用也。”（《行军》）这里的“亲附”，是指将领通过施加恩惠、彰显信义来收拢人心，增强军队的凝聚力。如果不能施加恩惠或是在没有彰显诚信的情况下施加惩罚，那么部下就很难心悦诚服，到了关键时刻，也很难让他们拼死效力。因此，孙武主张将领们“视卒如爱子”。孙武准确地抓住了治军的核心，即“令之以文，齐之以武”。同时，孙武又强调“文”不可滥用，“武”也不能。“视卒如爱子”固然没错，但也不能过度，导致“厚而不能使，爱而不能令，乱而不能治，譬若骄子，不可用也”（《地形》）。

最后，法令的实施还有一个关键之处，即“赏罚孰明”，“施无法之赏，悬无政之令，犯三军之众，若使一人”（《九地》）。孙武认为，到了危难之际，要对士卒施以特殊奖赏，在颁布号令时也要打破常规，这样才能做到“若使一人”，指挥全军就像指挥一个人那样，真正做到令行禁止。这也反映了孙武并非因循守旧之人，在他的思想中，既有常法，又有变法，能够突破常规对士兵进行重奖，鼓舞士气。

4.“士卒孰练”与“兵贵精而不在多”

凡是有远见卓识的军事家，都非常重视军事训练。一支军队如果训练有素，其战斗力也必然更强，在与敌军交战时就能够占据上风，而训练不精的一方则必然处于劣势。在孙武看来，“兵非贵益多也，惟无武进，足以并力、料敌、取人而已”（《行军》）。孙武所强调的军队应当在实力上占据优势，并不是说在兵力上一定要超过敌人，而是要看能否做到训练有素，是否属于“精兵”。孙武认为，兵力并非越多越好，只要不轻敌、不冒进，将优势集中起来，准确判断敌情，仍然可以克敌制胜，甚至以少胜多、以弱胜强。

（四）孙武的大战略

在孙武的战略思想体系中，“全胜”思想占有突出的地位，它贯穿《孙子兵法》的全文中，其中以“必以全争于天下，故兵不顿而利可全，此谋攻之法也”最为著名。“谋攻”即在战略上战胜敌人，核心就是一个“全”字。《孙子兵法》全文涉及“全胜”战略所包含的方方面面：第一，他推崇“不战而屈人之兵”，即以最小的代价取得最大的胜利，以“伐谋”“伐交”作为实现“全胜”的理想手段，以破中求全作为谋求局部“全胜”的指导原则；第二，提倡先发制人，不能被动挨打，必须要主动出击；第三，战争应当速战速决，就是要进攻、进攻、再进攻，用最短的时间取得最大的利益，达到战争的目的——胜利。

在孙武看来，胜利是所要达成的目标，为此，他先是通过《始计》篇中的“五事”“七计”来计算获胜概率，然后又在《作战》篇中论述了取胜所需要的财力、物力及时间成本。而在《谋攻》篇中，他又论述了人员伤亡成本。

在《始计》篇中，孙武主要论述了战争的重要性，因此必须先“计”后“战”，以求得胜利，即“兵者，国之大事，死生之地，存亡之道，不可不察也。故经之以五事，校之以计，而索其情”。战争关系到国家的存亡，所以要慎重，需要先通过五事、七计来衡量敌我的实力，先计算胜利的可能，然后再选择是否开始战争。

在《作战》篇中，孙武主要论述了战争所耗费的人力、物力、财力，所以主张速战速决，以最小的成本获得胜利。即“其用战也，胜久则钝兵挫锐，攻城则力屈，久暴师则国用不足。夫钝兵挫锐，屈力殚货，则诸侯乘其弊而起，虽有智者不能善其后矣。故兵闻拙速，未睹巧之久也。夫兵久而国利者，未之有也”。此外，还有“国之贫于师者远输，远输则百姓贫”，“力屈、财殚、中原内虚于家”，正是因为一旦开战就会令国家的财力遭受巨大损耗，所以孙武才提出“兵贵神速”，务求用最快的速度来获得胜利。

在《谋攻》篇中，孙武论述了战争会造成人员伤亡，所以要先谋后打。“夫用兵之法，全国为上，破国次之；全军为上，破军次之；全旅为上，破旅次之；全卒为上，破卒次之；全伍为上，破伍次之。是故百战百胜，非善之善者也；不战而屈人之兵，善之善者也。故上兵伐谋，其次伐交，其次伐兵，其下攻城。”在孙武看来，最好的用兵策略就是靠谋略取胜，其次是用外交手段取胜，再次通过野战取胜，最下等的才是攻城。谋攻的成本最小，其次是外交，再次是野战，最后是攻城，使用的顺序也是谋攻优先，攻城最后。这是按照成本从小到大的顺序进行排列的，能用成本最小的方法取胜，就不用成本大的方法。

总结起来，孙武的战略就是：战争的直接目标是获得胜利，然后将战争胜利作为谈判条件来和敌人谈判，最终获得利益。但是战争费财，速战速决才能降低经济上的损失；战争也会死人，通过优先使用谋攻和外交来减少伤亡，即以最小成本获得胜利。

（五）孙武的战术思想

《孙子兵法》不但在宏观战略上博大精深，在微观战术思想方面，也有着非常丰富的内容。他提出了很多重要原则，如“致人而不致于人”“奇正之术”“避实击虚”以及“九地”“六形”等具体战术，虽然字数寥寥，但却言简意赅，成为孙武战术思想体系的基本内容。这些理论看似简单，但却是战争里面的核心思想。

1.“致人而不致于人”：掌握战争主动权

“致人而不致于人”，是说要对敌人进行调动，而不是被敌人所调动，也就是说要在战场上时时刻刻掌握主动权。这种主动权也是军队作战时行动的自由权，其含义有三层：第一层，让自己在整场战争中处于有利地位；第二层，自己可以自由选择作战行动计划；第三层，可以调动、支配敌军的行动。可以说，主动权是战争取胜的命脉，那么如何才能夺得这种主动权呢？这就需要正确的主观指导来获得，而非势力的强弱、装备的优劣、环境的利弊等客观物质基础。

要获得战争主动权，首先就要做好战前准备，包括“先知”“先胜”。孙武在《用间》篇中指出：“故明君贤将，所以动而胜人，成功出于众者，先知也。”意思是说，高明的将领之所以一出兵就能取胜，原因就在于“先知”二字。所谓“先知”，既包括“知彼”，也包括“知己”。《地形》篇曰：“知吾卒之可以击，而不知敌之不可击，胜之半也；知敌之可击，而不知吾卒之不可以击，胜之半也；知敌之可击，知吾卒之可以击，而不知地形之不可以战，胜之半也。”意思是说，只了解自己的部队可以打，而不了解敌人不可以打，取胜的可能只有一半；只了解敌人可以打，而不了解自己的部队不可以打，取胜的可能也只有一半；知道敌人可以打，也知道自己的部队能打，但是不了解地形不利于作战，取胜的可能性仍然只有一半。

这里的“知”既包括战前“庙算”的“五事”“七计”，也包括具体作战过程中的各种情况。《用间》篇曰：“凡军之所欲击，城之所欲攻，人之所欲杀，必先知其守将、左右、谒者、门者、舍人之姓名，令吾间必索知之。”敌人的兵力配置、作战计划、军心士气、后勤供应、活动规律及指挥部中的“守将、左右、谒者、门者舍人之姓名”等细节，都必须通过“用间”或其他方法达到“先知”。只有在“先知”的基础上，才能制订出战胜敌人的作战方案。

要获得战争的主动权，还要懂得“以逸待劳”和“先发制人”。“凡先处战地而待敌者逸，后处战地而趋战者劳。”（《虚实》）这里的“战地”有两层含义：一是“隘形者，我先居之”（《地形》）；二是战略进攻“先其所爱”（《九地》），即两军交战时要争夺有利的地形，这就需要“以迂为直、以患为利”的谋略，即采取迂回绕道、以小利引诱敌人等计谋，不让敌人注意到我方的行踪，达到后发先至、出其不意的效果。战场上的形势瞬息万变，“不可胜在己，可胜在敌”（《军形》）。自己不犯错误可以避免失败，却无法让自己一定能打败敌人，所以必须“先发制人”“示形诱敌”“速战速决”，即采取计策调动敌人，达到“敌逸能劳之，饱能饥之，安能动之”（《虚实》）的目的。所谓“示形”，就是通过各种假象来掩饰自己的真正意图。如《始计》云：“能而示之不能，用而示之不用，近而示之远，远而示之近。利而诱之，乱而取之，实而备之，强而避之，怒而挠之，卑而骄之，佚而劳之，亲而离之。”这就是孙武所说“兵者，诡道也”的诠释。

为了达到“速战速决”的目的，最好的战术还是集中优势兵力歼灭敌人。“用兵之法：十则围之，五则攻之，倍则战之，敌则能分之，少则能守之，不若则能避之。”（《谋攻》）“故形人而我无形，则我专而敌分；我专为一，分敌为十，是以十攻其一也。则我众而敌寡，能以众击寡者，则吾之所与战者约矣。”（《虚实》）用十倍于敌人的兵力，形成绝对优势，以十击一，就能达到“始如处女”“后如脱兔”（《九地》）和“其疾如风”“动如雷震”（《军争》）的效果。

2. “正合奇胜”：战术要机动灵活

孙武在《兵势》中指出：“三军之众，可使毕受敌而无败者，奇正是也。”率领军队与敌人交战，如果能够灵活地运用正、奇两种战术，就能够立于不败之地。对此，老一辈无产阶级革命家、军事家刘伯承元帅曾经有过解释：“什么是正兵呢？大体上讲，按照通常的战术原则，以正规的作战方法进行战斗的，都可以称为正兵；根据战场情况，运用计谋，攻其无备，出其不意，打敌人于措手不及，不是采用正规作战方法，而是采取奇妙方法作战的，都可以称为奇兵。”通常来说，在进行作战部署时，负责担任警戒、守备任务的部队为“正”，负责机动任务的部队为“奇”；负责牵制敌人的为“正”，负责突击任务的为“奇”。在作战时，正面攻击为“正”，迂回侧击为“奇”；明攻为“正”，偷袭为“奇”。山东临沂银雀山出土的《佚书丛残·奇正》篇从理论高度界定：“形以应形，正也。无形而制形，奇也。”这一定义可以说抓住了正与奇的本质。

那么，正与奇应当如何运用呢？曹操在对《兵势》中的“凡战者，以正合，以奇胜”进行注解时说：“正者当敌，奇兵从傍击不备也。”这也符合孙武在《军争》篇中所说的“高陵勿向，背丘勿逆，佯北勿从，锐卒勿攻，饵兵勿食，归师勿遏，围师必阙，穷寇勿迫，此用兵之法也”。这八条“用兵之法”反映了一般作战规律，属于作战常法而非变法，这叫“以正合”。而在作战时那些“秘密伪装”“突然袭击”“出奇制胜”的战法，则多属于“以奇胜”的范围。正所谓“攻其不备，出其不意，取胜之道也”。

3.“避实而击虚”，克敌以制胜

“虚”与“实”作为军事专用术语，最早就出自《孙子兵法》。书中有两处论及虚实关系：一是《兵势》：“兵之所加，如以碫投卵者，虚实是也。”二是《虚实》：“夫兵形象水，水之行，避高而趋下；兵之形，避实而击虚。”在这里，孙武将避实击虚阐述为克敌制胜的法宝。在孙武看来，敌我双方都有虚、实，如在防御方面，“备前则后寡，备后则前寡；备左则右寡，备右则左寡。无所不备，则无所不寡”（《虚实》）。而且虚实的态势并非固定不变，而是如“水因地而制行”，是可以相互转化的。如《军争》云：“朝气锐，昼气惰，暮气归。”说的就是士气从锐向钝、从实向虚转化的过程。在指挥作战时，孙武提出，要想获胜，就必须“避实击虚”，通过“避敌之实”“削敌之实”“击敌之虚”“造敌之虚”与“防我之虚”“造我之实”，也就是根据敌情的虚实来决定我方到底是采取“避”还是“击”的战术。

唐太宗李世民对于《孙子兵法》的虚实之道极为重视，评价甚高。他说：“朕观诸兵书，无出孙武。孙武十三篇，无出虚实。夫用兵识虚实之势，则无胜焉。”（《唐太宗李卫公问对》卷中）

4.“六形”与“九地”——战术地形与战略地理

战争，需要在一定的时间和空间内进行，因此在孙武的战术思想里，除了“奇正之术”“虚实之道”以外，还包括“九地”“六形”的战术地形理论，如《九变》中说：“故将通于九变之利者，知用兵矣。将不通于九变之利者，虽知地形，不能得地之利矣。”《军争》：“不知山林、险阻、沼泽之形者，不能行军；不用乡导者，不能得地利。”《虚实》：“知战之地，知战之日，则可千里而会战；不知战地，不知战日，则左不能救右，右不能救左，前不能救后，后不能救前，而况远者数十里、近者数里乎！”通过上述文字的论述，我们可以总结出这样一个重要结论：“地形者，兵之助也。”（《地形》）正是因为地形在战争中的地位非常重要，所以孙武专门撰写了《九变》《行军》《地形》《九地》四篇文章，比较集中地阐述了他的战术地形理论。从这个角度，孙武将战场的地形分成了六种，并指出将帅需要根据不同的地形条件，采取合适的战术，夺取战争的胜利：“地形有通者，有挂者，有支者，有隘者，有险者，有远者。”“通者”指四通八达的平原地形；“挂者”指山高坡陡的挂隘地形；“支者”指对敌我双方都不利的对峙地形；“隘者”指易守难攻的狭隘之地；“险者”指高峻险阻地形；“远者”指敌我营垒距离很远且势均力敌的地形。针对上述六种地形，孙武分别提出了不同的战术主张，并指出如果不遵循这些战术，就会出现“兵有走者、有驰者、有陷者、有萠者、有乱者、有北者”的结果，这是“将之过也”。然后，根据上述“六形”战术地形理论，孙武又进一步对江河、沼泽和山地作战的战术进行了阐述。如山地作战，“用兵之法：高陵勿向，背丘勿逆”（《军争》），“凡军好高而恶下，贵阳而贱阴，养生而处实，军无百疾，是谓必胜”。“丘陵堤防，必处阳而右背之。”（《行军》）再如江河作战，孙武说：“绝水必远水；客绝水而来，勿迎之于水内，令半济而击之，利；欲战者，无附于水而迎客；视生处高，无迎水流，此处水上之军也。”（《行军》）关于沼泽地作战的战术，主要是“绝斥泽，惟亟去无留。若交军于斥泽之中，必依水草而背众树，此处斥泽之军也”（《行军》）。

在“六形”的基础上，孙武又提出了“九地”这一战略地理学观点：“用兵之法：有散地，有轻地，有争地，有交地，有衢地，有重地，有圮地，有围地，有死地。”（《九地》）所谓“散地”，即“诸侯自战其地”，也就是在本国境内作战。所谓“轻地”，即“入人之地而不深者”，指刚刚进入敌国境内作战。所谓“争地”，即“我得则利，彼得亦利者”，也就是我们常说的兵家必争之地。另外，“交地”指交通便利之地，“衢地”指四通八达之地，“重地”指战争期间进入敌国的腹地，“圮地”即山林、险阻、沼泽等交通困难之地。“围地”即“背固前隘”之地，亦即“所由入者隘，所以归者迂，彼寡可以击我之众者”；“死地”，则是“无不往者”“疾急战则存，不疾战则亡”。针对上述“九地”的特点，孙武从战术上给出了明确规定：“散地则无战，轻地则无止，争地则无攻，交地则无绝，衢地则合交，重地则掠，圮地则行，围地则谋，死地则战。”

第四篇 《孙子兵法》的实战运用

1. 将者，智、信、仁、勇、严也。——《始计》

[经典战例]

韩信论项羽“妇人之仁”

身为将领要有智谋，要有信用，要爱护士卒，要勇敢果断，要严明军纪、树立威严。战争事关生死存亡，而将领则关系着战争的成败。天时、地利等因素都是客观条件，属于“硬件”；但将领的因素却是主观的，属于“软件”。所以，将领的军事指挥才能就更为重要。

韩信，西汉开国功臣，中国历史上著名的军事家、战略家。早年落魄，曾追随项羽，但是不被重视，后得到萧何的赏识。萧何将其举荐给刘邦，说他是独一无二的人才，若要得天下，非得有韩信的帮助不可。于是刘邦“设坛场，具礼”，任用韩信为大将。韩信对刘邦说：“项羽一声怒吼，千人都吓得胆战腿软，但是他不信任人，不把重要的任务交付给有能力的将领们。他的勇不过是匹夫之勇罢了。项羽待人，恭敬而慈爱，说起话来，柔和温顺；部下生病了，他同情病人的痛苦，甚至为他流泪，把自己的食物分给他们；但是等到部下因有功该封给爵位时，他却迟迟没有动静。这就是妇道人家的习气——不识大体。项羽目前虽然做天下的领袖，诸侯们都臣服于他，可是他不驻守在可控制中原的关中，宁可跑到彭城（今徐州）去。他又违背义帝当时与天下诸侯所做的约定，而把他所亲近的、喜爱的人，都封为王。诸侯们对他这种自私行为十分愤怒。项羽把义帝驱逐到江南一隅。凡是项羽军队所到过的城邑，没有不被蹂躏得残破毁灭的，所以天下人都非常怨恨，老百姓们都不愿归顺拥戴他，只是被他的淫威所强迫罢了！他名义上虽然是天下的领袖，实际上已经失去了天下人的心，所以说，他目前看来很强，但很快就会衰弱下去。您当初由东方进入秦的武关，一点儿也没有损害到秦国的老百姓，废除了秦朝的苛刻刑罚，约法三章。秦国的老百姓，几乎没有一个不希望大王在秦国做王的。现在大王起兵向东，三秦王的属地，只要送一封文告去，就可以收复了！”刘邦重视韩信的分析，“部署诸将所击”，终于称雄天下。

2. 主孰有道？将孰有能？天地孰得？法令孰行？兵众孰强？士卒孰练？赏罚孰明？吾以此知胜负矣。——《始计》

［经典战例］

穰苴治军斩庄贾

要想把自己的军队建设得很强大，就必须为士兵定下严明的军队纪律。无论是在作战还是训练的时候，将领都应该严格执行。不管是谁违反了纪律，都应该按纪律受到惩罚，即使是将领，也不例外。只有这样，将领才能够约束士兵的行为，使士兵听从自己的指挥。这样的军队，一旦打起仗来，也一定很有战斗力。

齐景公时，晋国进攻齐国的阿邑、鄄邑；同时，燕军侵略齐国的河上之地。齐国军队大败。景公对此忧心不已。晏子于是向他推荐田穰苴，说："穰苴虽然是田氏庶子，但是他这个人文武兼备，文能亲服左右部下，武能威慑敌人，希望君王试试他。"齐景公召见穰苴，与他谈论军事，对他大加赞赏，就任命他做将军，领兵抵抗燕国和晋国的军队。穰苴对景公说："我一向地位低下，君王把我从平民提拔起来，位在大夫之上，可能士兵对我不信服，百姓对我缺乏信任。由于我资历浅而权威不足，希望得到君王的宠臣、国人所尊重的大臣来担任监军，这样更加可行。”于是景公派庄贾前往。穰苴跟庄贾约定说：“明天中午在营门会合。”

第二天，穰苴先赶到军中，等待庄贾，直到烈日当空庄贾还未到达。穰苴进入营中，检阅军队，指挥士兵，宣布纪律条令。军纪宣布完毕，已是黄昏时分，庄贾才翩然出现。穰苴问道：“你为什么迟到？”庄贾说：“有劳大夫和亲戚们送行，所以耽搁了。”穰苴说：“如今敌国深入侵略，国内很不安定，士兵们在边境上风餐露宿，百姓的性命都在您手上，还有什么可相送的呢？”召来军正问道：“按照军法，约定时间而迟到的，怎么说？”军正回答说：“应当斩首。”庄贾害怕了，派人向景公求救。那人去了，还没来得及回来，穰苴就已经斩了庄贾，以此号令三军。三军将士全都震惊万分。穰苴整军之后，齐军面貌立刻改观，纪律严明，军容整肃，令行禁止，悉听约束。穰苴执法如山，不畏权贵，最终得以克敌制胜。

3. 视卒如婴儿，故可以与之赴深谿。——《地形》

［经典战例］

吴起为士兵吸脓

军事将领除了要有聪明的头脑，还应该懂得关爱士兵。

聪明的头脑可以帮助将领想到好的计策，时刻关爱士兵，能够使士兵感受到将领的真心。有的时候，一个主动关心士兵的将领，能够和士兵建立起兄弟般的情谊，在作战的时候，上下一心，更容易赢得胜利。

在《孙子兵法》中，孙子也强调，将领应该时刻关爱士兵。将领关心士兵，士兵也会爱戴将领。如果双方能够真心相对，在战斗中就容易配合，士兵的表现也会非常积极。

战国时期有一位著名的军事家叫吴起，他做将军时总是能和士兵同甘共苦，从来不搞特殊化。在行军的时候，他不骑马，也不坐车，和普通的士兵一样徒步前进。在驻军休息的时候，他也和普通的士兵睡在一起，完全没有大将军的架子。即使是吃饭，吴起也和士兵吃同样的饭菜，不会因为自己的大将军身份而有特别的优待。

一天，吴起率军在营地驻扎。大家正在休息，忽然，吴起听到旁边的营帐中传来了呻吟声，于是顺着声音走过去，想看看到底发生了什么事情。这时，就见一个士兵躺在地上痛苦地呻吟。吴起走过去一看，原来这个士兵的身上生了一个疮，疼得他忍不住呻吟。吴起看到士兵痛苦的样子，二话没说，低下头用嘴为士兵吸出了疮里的脓水。士兵看到他们的大将军居然亲自为自己吸脓水，感动得一时不知道说什么好。

后来，这件事被这个士兵的妈妈知道了，她居然忍不住放声大哭起来。周围的人都感到非常奇怪，就问她为什么哭。这位妈妈说："吴将军曾经为我孩子的爸爸吸过伤口上的脓水，孩子的父亲为了报答将军的大恩，就在战场上拼死战斗，结果战死了。现在将军又这么关照我的孩子，我想我的孩子也一定会心存感激的，一旦发生战斗，我的孩子也会为将军誓死效命的。"

4. 鸟集者，虚也。——《行军》

[经典战例]

叔詹献空城计退楚军

在和敌人作战的时候，将领一定要做到随时辨明敌人的情况。也许敌人的真实情况不会轻易就被知道，但是，聪明的将领总是能够根据敌人的一些行动或表现，判断出敌人的实际情况。如果看到敌营上空有飞鸟在盘旋，那就可以判断，敌营中已经没有人了。因为，如果地面上有人活动，鸟很容易受到惊吓，就不会在上空停留。只有当敌营没有人的时候，在上空才会看到飞翔的小鸟。

公元前666年，楚国的公子元亲自率领大军攻打郑国。郑国当时并不是楚国的对手，因此，当郑国国君得知楚国要来攻打自己的时候，立即就派人到齐国求救。但是，楚国的军队来得太快了，齐国的援兵还没有赶到，楚国的大军就已经到达了。然而，楚国的军队也不知道郑国的真正情况，虽然他们到了郑国附近，却也没有立即发起进攻，而是驻扎下来。看到楚国的军队就在城外面驻扎，这可急坏了郑国国君。这时，郑国有一个叫叔詹的上卿主动请求前去退敌，郑国国君答应了他的请求。

叔詹来到城头，先查看了一下敌情，发现楚国的军队人数众多，以目前郑国的实力，是很难同他们作战的。但是，叔詹也看到，楚国只是驻扎在附近，并没有立刻发起进攻。他忽然想到，这也许是因为楚国并不知道郑国的实力，所以没有马上开始战斗。想到这里，叔詹觉得可以为楚军摆一个空城之计。于是，叔詹马上采取行动。结果，楚军果然没敢再有其他的行动。第二天，叔詹登上城楼查看敌情，看到楚军的军营上空有很多鸟在盘旋，于是他对周围的人说："楚军已经撤退了，我们的危险解除了。"周围的人听叔詹这么说，非常困惑。这时，旁边有个人说："敌军的军营上还插着旗帜，您怎么说楚军已经撤退了呢？"叔詹听了以后，笑着说："如果他们没走，军营中一定有人活动，那么就会吓到天空中的小鸟，小鸟是不可能在附近活动的。现在楚军的军营上已经有小鸟在飞，那么军营中一定是没有人了。"大家听了叔詹的解释，恍然大悟。

5. 攻其无备，出其不意。此兵家之胜，不可先传也。——《始计》

[经典战例]

李嗣源解幽州之围

在战争中，率领士兵的将军除了要懂得用常规的办法领军作战，还应该懂得出其不意，随机应变，根据敌人的情况采取针对性的方法。两军交战的时候，如果能够掌握敌人的弱点，就可以趁其不注意攻击他的痛处，这样就会使敌人招架不住，任由我军摆布。

五代时期，契丹首领耶律阿保机率三十万大军包围了晋国的北方军事重镇幽州（今北京市西南）。晋王李存勖派大将李嗣源统率七万人马增援幽州，解幽州之围。

李嗣源与诸将商议进军之计，说：“敌人多是骑兵，人数众多，又已先处战地，外出游骑没有辎重之忧，而我军多是步兵，人数又少，还必须有粮草随军而行。如果在平原上与敌人相遇，敌军只需把我军粮草截走，我军就会不战自溃，更不用说用骑兵来攻击我们了！”

针对这种不利情况，李嗣源从易州出发，不是走东北直奔幽州，而是先向正北越过大房岭（今北京市房山区西北），然后沿着山涧向东走。

李嗣源率大军餐风饮露，日夜兼程，一直行进到距幽州只剩六十里的地方，突然与一支契丹骑兵遭遇。契丹人这才发现晋军派来了救兵，全部大吃一惊，慌忙向后撤退。李嗣源与养子李从珂率领三千骑兵紧随契丹人身后，晋军大部队则紧紧跟随在李嗣源的骑兵后面。不同的是，契丹骑兵行走在山上，晋军行走在山涧中。

行至山口，契丹万余骑兵挡住了晋军的去路。李嗣源知道成败在此一举，摘掉头盔，用契丹语向敌人喊道："你们无故侵犯我国，晋王命我率百万之众，直捣两楼（契丹首府），将你们全部消灭！"说完，一马当先，冲入敌阵，斩杀契丹酋长一名。众将士见主帅身先士卒，群情激奋，斗志倍增，纷纷杀入敌阵。契丹骑兵被迫向后退却，晋军的大部队乘机走出山口。

出山之后即是一马平川的大平原。由于失去山地的保护，极易遭受骑兵攻击，李嗣源命令步兵砍伐树枝作为鹿砦，人手一枝，每当部队停下来或遭到契丹骑兵攻击时，即用树枝筑成寨子，契丹骑兵只能环寨而行，而晋军乘机放箭，契丹人马死伤惨重。逼近幽州时，晋军拖后的步兵拖着草把、树枝行进，一时间烟尘滚滚，契丹兵不知虚实，以为晋军援兵甚多，未战先怯。等到决战来临，李嗣源率骑兵在前，步兵随后，有组织地掩杀过来。契丹兵斗志皆无，丢弃了大量的车帐、牲畜，狼狈逃去。

至此，幽州重镇得以保全。

6. 不战而屈人之兵，善之善者也。——《谋攻》

[经典战例]

渭水之盟

在作战的时候，将军所率领的军队明显比敌人的队伍强大，就会使敌人在心理上惧怕自己的声势。这时，如果将领再适时运用计策，就能将敌人打得落荒而逃。

公元626年，唐太宗李世民刚刚即位。不久，东突厥颉利、突利二位可汗就率领十多万大军长驱直下，准备攻打长安。大军到达了长安城外渭水便桥的北面便安营扎寨，准备寻找机会一举攻破长安城。

当时，突厥军队驻扎的地方距离长安城只有四十里。如果突厥大军忽然发起攻击，城中的士兵可能会抵挡不住。这时，唐朝的援兵还没有赶到，这可急坏了李世民。李世民虽然很着急，但他毕竟也是见过大风大浪的人，因此，他表面上表现得非常镇定。李世民反复思考了敌我双方的力量对比，最后决定必须马上采取策略将敌人击退，否则时间长了，长安城一定会被突厥大军攻破。

李世民先下令让长安城中的士兵都提高警惕，随时准备战斗，使得整个长安城看上去戒备森严，井然有序。在气势上，这就让突厥大军觉得长安城的守卫是非常牢固的。李世民把军队整顿好后不久，就亲自率领高士廉、房玄龄等大将和谋士出城，主动要求和突厥军的将领谈话。突厥将领听说李世民要找自己谈话，便从军营中走了出来。李世民看到他们以后，就对着他们的军营大声喊道："你们突厥本来是臣服于唐朝的，现在忽然发兵要攻打我们，就算你们打胜了，也不会得到百姓的拥戴！"李世民喊完话后，看到突厥军中已经有一些骚动，就继续说道："如果你们还像原来一样，继续做唐朝的臣子，我可以保证，唐朝还会像原来一样对你们，不会攻打你们。"突厥首领听到李世民的话后，心理发生了变化。他们驻扎的这几天，就已经看到唐朝的军队军纪严明，士兵也训练有素，如果打起仗来，自己的军队不一定能够打赢。另外，就像李世民说的那样，就算他们打胜了也不一定能得到百姓的支持。这时，唐朝的皇帝又答应他们，如果归顺，还会像原来一样对待自己。这不正是个好机会嘛！想到这里，突厥首领让所有士兵放下武器，当场就归顺了唐朝。

7. 故上兵伐谋，其次伐交，其次伐兵，其下攻城。——《谋攻》

［经典战例］

墨子、公输般斗法

在准备进行一场战争之前，对战争中可能出现的各种情况都应该进行大致的预测。只有在战争发生前做好充分的预测，才能在战争进行的时候做出恰当的应对，不会因为出现突发情况而手忙脚乱，不知所措。

战国初年，楚国国君楚惠王想要恢复楚国的霸主地位。他加紧扩充军队，要去攻打弱小的宋国。

楚惠王重用了一个非常有本领的工匠叫公输般，是鲁国人，也就是后来人们口中的鲁班。

公输般被楚惠王请去做了大夫。他为楚惠王设计了一种专门用来攻城的工具，叫作云梯。云梯比楼车还高，是攻克城池的理想工具。

楚惠王一边命公输般加紧制造云梯，一边着手准备向宋国进攻。楚国制造云梯的消息很快就传扬了出去，各国都非常担心，特别是宋国，得到楚国要来进攻的消息，更觉得大难临头。

楚国准备伐宋的事，引起了很多人的反对，其中反对得最厉害的人是墨子。

墨子是墨家学派的开创者，他反对奢侈浪费，主张勤俭治国；他更反对为了攻城略地而使百姓遭受灾祸。当他得知楚国要利用云梯去攻打宋国后，就立刻亲自前往楚国。他为了赶路，脚底磨出了泡，还出了血，于是把自己的衣衫撕下一块来裹在脚上继续走。

就这样日夜兼程地奔走了十天，墨子终于到达了楚国的都城郢。他先去求见公输般，规劝他不要帮助楚国攻打宋国。

公输般回绝道：“不行啊，我已答应楚王了。”

于是墨子就请求公输般带他去面见楚惠王，公输般答应了他的请求。见到楚惠王之后，墨子非常诚恳地说：“楚国地域辽阔，方圆五千里，可以说地大物博；而宋国的土地不过五百里，物产也不是很丰富。大王您为什么有了华丽贵重的车马，还要去偷别人的破车呢？为什么要抛弃自己的绣花绸袍，去偷人家一件破旧的短褂子呢？”

楚惠王听了以后，虽然觉得墨子的话很有道理，但还是不肯轻易放弃伐宋的打算。公输般也认为用云梯攻克城池很有胜算。

墨子直截了当地对公输般说：“你能攻，我就能守，你占不着什么便宜。”

他说着，就解下了腰上系着的皮带，在地上围起来当作城墙，又拿几块小木片当作攻城的工具。他叫公输般来与他演习一下，比一比本领。

公输般使用一种方法攻城，墨子就会采用一种方法守城。公输般用云梯攻城，墨子就用火箭烧云梯；公输般用撞车撞城门，墨子就用滚木礌石砸撞车；公输般挖地道，墨子就用烟熏。

公输般使用了九套方案，把所有的攻城方法都用完了，可是墨子还有很多种守城的高招没有使出来。

公输般知道了墨子的厉害，但他心里还不服气，就对墨子说："我还有一个办法来对付你，但是现在不能说。"墨子听了微微一笑，说道："我知道你想用什么办法来对付我，不过我也不说出来。"

楚惠王在一旁听两人说话就好像打哑谜一样，感到莫名其妙，就问墨子："你们说的究竟是什么？"

墨子回答说："公输般的意思是把我杀掉，他以为杀了我，就没有人帮助宋国守城了。不过，他打错了算盘。我在来楚国之前，就已经派了禽滑釐带着我的三百名学生去宋国守城，他们每个人都学会了我全部的守城方法。即使您把我杀了，楚国也还是占不到任何便宜。"

楚惠王听了墨子的这番话，又亲眼看到了墨子守城的本领，心里明白要打败宋国根本没有希望，只好对墨子说："先生的话说得很有道理，我决定不攻打宋国了。"

一场战争就这样被墨子阻止了。

8. 不知军之不可以进而谓之进，不知军之不可以退而谓之退，是谓縻军。——《谋攻》

［经典战例］

宋襄公好“仁”

将领在指挥军队作战的时候，应当根据战场上的实际情况来调整和使用谋略，不能固守传统，应该懂得变通。另外，战场上的机会瞬息万变，当机会出现时一定要当机立断，看准时机，一击致命。

公元前638年，一直想成为霸主的宋襄公出兵伐郑，郑国便向楚国求助。楚成王接到消息后，并没有直接援救郑国，而是统领大军直接杀向了宋国。宋襄公顿时慌了手脚，也顾不上攻打郑国，连忙带领军队赶回宋国。

等宋军在河边扎好营盘，楚国的兵马刚好来到了对岸。这时属下公孙固对宋襄公说：“楚军来到这里只是为了救郑国。我们已经从郑国撤兵，他们的目的也已经达到了。咱们兵力不足，不能硬拼，还是和楚国讲和吧。”宋襄公却反驳道：“楚军虽然兵强马壮，可是缺乏仁义；我们宋国虽然兵力单薄，但却是仁义之师。不义之兵能胜过仁义之师吗？”

宋襄公还特意命人做了一面大旗，上面绣着“仁义”

二字。他就要用这“仁义”来战胜楚国的刀剑。

到了第二天早上，楚军开始过河。公孙固对宋襄公说：“楚军正在渡河。等他们渡到一半，我军杀过去，一定能够取胜。”宋襄公却指着“仁义”之旗说：“人家还没渡完河我们就打，那还算什么仁义之师？”

过了一会儿，楚军全部过了河。正当他们在河岸上布阵时，公孙固又对宋襄公说：“趁楚军正在乱哄哄地布阵，我们发动攻击，也许还能取胜。”宋襄公听罢很不满意：“人家还没有摆好阵，你就要去打他，那还算得上是仁义之师吗？”

楚军布好阵之后，立刻发起攻击。宋襄公领兵冲在最前面。可是，宋军根本不是楚军的对手，很快就被打得落花流水，宋襄公也受了箭伤。

宋襄公被手下人救回来以后，仍然执迷不悟：“仁义之师就是要以德服人，我奉行仁义之道打仗，不能乘人之危去攻打对方，这才是君子所为。”他手下的将士们听了，都暗骂宋襄公是个草包。

后来，宋襄公因伤口感染，不久便死去了。

9. 故知胜有五：知可以与战不可以与战者胜；识众寡之用者胜；上下同欲者胜；以虞待不虞者胜；将能而君不御者胜。——《谋攻》

［经典战例］

赵简子将袭卫

通常来说，战争是为了实现自己的政治目的而进行的。如果能够从这个角度出发，预判通过这场战争能否达到自己的政治目的，来决定是否发动战争，那么无疑就是高瞻远瞩的明智之举。

赵简子是春秋末期晋国六卿之一。他为人刚毅勇武，很有才干。他经常奉命出使各国，也经常率军去讨伐违抗晋国命令的诸侯，为维护晋国的霸主地位立下了汗马功劳。因此，他深得晋君的赏识，在朝中享有极高的威望。

当时，卫国与晋国相邻，由于卫国经常受到侵略，以致人口锐减，领土大量丧失，逐渐沦为一个弱国。卫国国君卫灵公的才能并不出众，没有什么贤德的名声，所以他被迫与晋国结盟，长期以来一直对晋国俯首帖耳。但是，卫灵公这个人很有骨气，他不想永远忍受任人摆布的屈辱地位。后来，卫灵公与齐景公在沙泽结盟，从此断绝了与晋国的关系。

卫国的叛变，使晋国上下受到了极大的震动。赵简子立刻调动大军，准备发兵攻打卫都帝丘，企图用武力迫使卫国屈服。

赵简子深谋远虑，没有贸然出兵。在发兵前，他找来身边一个叫史默的亲信，对他说："我听说卫灵公在国内排斥贤士，重用小人，我想现在卫国已经上下离心，国是日非。我命你在一个月之内把卫国的情况了解清楚，我等你回来报告，然后再出兵。"史默走后，赵简子一边命令将士们加紧习武练兵，做好打仗的准备，一边等着史默的报告。可是过了一个多月，史默也没有回来复命。这时，有人对赵简子说："史默逾期不归，可能是被卫人捉拿。其实卫国是个弱国，根本就抵挡不了晋军的攻击，只要我们的人马渡过黄河，卫军就会不战自降。请元帅尽快下令出兵吧！"赵简子听后摇头说："卫灵公既然敢断然同晋国绝交，肯定是有了充分的准备，我们绝不能掉以轻心。再说，史默这个人向来思虑深远，他没有如期回来，可能是发现了某些预料不到的情况，还需要进一步打探。出兵的事，等他回来之后再讨论吧！"

过了很长时间，史默回来了，他向赵简子讲述了卫国的情况："卫灵公现在提拔忠臣，废黜奸佞，深得民心。他为了激起国人对我们的愤怒，对外宣布：'晋人已命令我国，凡是有女儿的人家，都要抽调一个到晋国当人质。'他还抽调了一批宗室大夫的女儿，假意准备送往晋国。卫国的百姓听了之后，怒吼道：‘让晋人来吧！我们一定要把晋国人打回去。’卫国现在人才济济，民气可用，我们用武力使它屈服，可能会付出很大代价。还请元帅三思而行！”赵简子听了，按兵不动。之后，他还亲自面奏晋君，取消了攻打卫国的计划。

10. **知彼知己者，百战不殆。——《谋攻》**

[**经典战例**]

夏侯渊大破韩遂

将领在指挥军队作战的时候，应善于运用谋略，不能固守传统的方式而不知道变通。在战争中，将领一定要把握好时机，当机立断，并且根据自己已经掌握的情况，采取合适的战术，一举取胜。

汉献帝建安十九年（214年）春季，马超请求张鲁分派给他一支军队，向北攻取凉州。张鲁派遣马超回军围攻祁山，祁山守将姜叙向夏侯渊告急。夏侯渊部下将领议论，认为必须上报魏公曹操，由他发令调度。夏侯渊说：“魏公远在邺城，向他报告，往返行程四千里，等他的命令传到这里，姜叙等人必定早已被打败，这不能解救危机。”于是命令部队行动，由张郃率步、骑兵五千人为先头部队。马超败退而走。

韩遂驻军显亲，夏侯渊欲袭击韩遂，夺取显亲，韩遂退走。夏侯渊追到洛阳，距离韩遂驻地三十余里。将领们准备向韩遂发动攻击，有人却建议应当进攻兴国的氐族。夏侯渊认为："韩遂的军队精锐，兴国有坚固的城防，此时进攻很难迅速取胜，不如攻打长离的羌人部落。长离的羌人有许多在韩遂军中，他们必然会回去援救自己的家乡。韩遂若舍弃长离羌人拥兵自守，便会失去羌人的支持而势单力孤；如果援救长离，我们就可以与他的部队进行野战，一定能够生擒韩遂。"于是，夏侯渊留下督将守卫辎重，亲自率军轻装至长离，攻打羌人部落，韩遂果然来救长离。夏侯渊的部下将领见韩遂兵多，要扎下营盘、挖好堑壕再作战。夏侯渊说："我军千里转战，如果再扎营盘，掘堑壕，士兵便会疲惫不堪，无法再用他们去作战了。韩遂兵虽多，并不难对付。"夏侯渊下令击鼓进攻，一举击溃了韩遂的军队，并乘胜包围了兴国。氐王逃到马超那里，其余的官兵都投降了。夏侯渊又转而进攻高平、屠各两个部落，也把他们都击溃了。

夏侯渊刚勇果断，因时制宜，发兵击走马超。知韩遂兵精，兴国城固，不硬拼硬打，而是攻其必救，以逸待劳，因而大破韩遂。

11. 凡战者，以正合，以奇胜。——《兵势》

[经典战例]

长平之战

当双方交战的时候，不能轻易就让敌人看到自己的底线，要懂得欲擒故纵的技巧。这样，敌人就很难摸清自己的底细，也无法推测自己可能采取的行动。即使自己的军队纪律严明，实力强大，聪明的将领也可能故意向敌人展示自己的弱小，从而迷惑敌人。当敌人放松警惕的时候，将领就可以率领士兵发起突然的攻击，并取得胜利。这就是所谓的“出奇制胜”。

赵括的父亲赵奢是赵国著名的将领。赵奢一生领兵打仗，为赵国立下了赫赫战功。赵括在他父亲的影响之下，也非常喜爱军事，自幼就读了很多兵书。

父子俩在一起，经常谈论带兵打仗的策略。每当这时，赵括总是讲得滔滔不绝，天花乱坠，还时常引经据典，说得有板有眼。因此，别人都佩服他的口才和谋略。赵括也因此沾沾自喜，常以“将门虎子”自居。

但是，赵奢却经常说赵括只是空谈理论，而不能真正带兵打仗。赵奢在临终前留下遗言：千万不能让赵括领兵，如果赵王一定要让赵括当将军，那么产生的后果一概与赵家无关。

几年以后，赵国与秦国之间发生了一场战争。

公元前262年，秦昭王派秦将白起讨伐韩国。秦军占领了野王城，从而切断了上党郡与韩国国都的联系。韩国想割让上党郡向秦国求和，可是上党郡守冯亭不愿意降秦，于是请求赵国出兵取上党郡。

公元前260年，秦军夺取了上党郡，上党郡的百姓纷纷逃到了赵国。赵军驻扎在长平，以便安抚上党百姓。秦军多次向赵军进攻，赵王派老将廉颇率兵抵抗。经验丰富的廉颇根据当时敌强己弱且初战失利的形势，下令坚守营垒。秦军多次前来挑战，赵国却始终不出兵。这令秦军一筹莫展。

这时，秦国丞相应侯范雎派人用重金向赵国的权臣行贿，使用离间计，在赵国散布流言说："秦军最怕的，是赵奢之子赵括；而廉颇最容易对付，他不敢出兵，就快要投降了。"赵王本来就对廉颇坚壁固守不肯出战的做法有些不满，这时听信了流言，就让赵括代替廉颇为将，率兵击秦。

赵括被封为将军之后，得意扬扬，向赵王夸口，说他击败秦军就如同秋风扫落叶一样。赵王听了非常高兴，赏赐了他许多钱财。赵括马上就把这些赏赐之物全部运回家中。

赵括的母亲知道这件事以后，立即求见赵王，把赵奢临终时的遗言告诉了赵王。可赵王不以为然，坚持要让赵括当将军，但最后答应了赵母的请求：如果赵括战败，绝不追究赵家的责任。

赵括带着一箱兵书来到前线，替下了老将廉颇。赵括上任以后，一改过去廉颇的部署，不仅更改了部队的制度，还大批地撤换将领，使赵军的战斗力迅速下降。他还下达命令：如果秦军再来挑战，一定要主动出击，毫不手软。

秦军得知赵括当上了赵军的主将之后，暗地里把赵括最害怕的大将白起派到战场统率秦军，决定将赵军全部歼灭。

白起非常了解赵括的本领和性格，知道他鲁莽轻敌而又高傲自恃，于是决定采取先后退诱敌、再分割围歼的办法。他先观察好地形，将主力安排在构筑好的袋形阵地中，然后派出三千人马担任诱敌的任务。赵括果然上当，领兵出战。在赵军进攻的时候，秦军佯败后撤。赵括在不知虚实的情况下，贸然追击秦军，结果进入了秦军的包围圈。这时白起命令两翼伏兵迅速出击，将赵军截成三段。于是赵军首尾分离，粮道被切断。秦军又派数千轻骑兵不断骚扰赵军，使赵军死伤无数，疲惫不堪。赵括见战势危急，只好筑营坚守，等待救兵。可是秦军早已阻断了赵国的援兵和粮草，倾全国兵力围困赵括的军队。

赵兵断粮长达四十六天，士兵们饥饿不堪，有的甚至自相杀食。赵括没有办法，只好重新集结军队，强行突围，但一直没有成功，赵括自己也在混战中被秦军射杀。赵军主将阵亡，四十万士兵投降秦国。白起把投降的赵军全部坑杀，只留下二百四十个士卒回国报信。

历史上著名的长平之战就这样以赵军的惨败而告终，白起正是以奇取胜，打败了赵国军队。

12. 故善战者，致人而不致于人。——《虚实》

[经典战例]

李广退敌

在与敌人交战时，将领可以根据敌情，做出迷惑敌人的举动。敌人无法判断其真实意图，就会在战术执行方面出现差错，这时，就可以抓住时机，实行自己的计划，最终取得理想的战果。

汉朝时，匈奴军大举入侵雁门、上郡。汉景帝命“飞将军”李广统军御敌。

一天，中贵人带领几十名骑兵出营，发现三个匈奴人，以为是敌军侦探，便立即跃马追去。三个匈奴人转身放箭，射伤中贵人，几十名骑兵也被射杀殆尽。

李广闻报，判断说，这一定是匈奴射雕的猎户，于是便带百余骑去追赶，结果杀死二人，活捉一人。李广正准备上马回营，突然发现远处奔来数千匈奴骑兵。匈奴骑兵这时也发现了李广等人。匈奴兵误认为这是汉军派出来的诱兵，就急忙驰向山头，列开阵势，准备迎击。李广手下的骑兵见状大惊，皆拍马欲退。李广制止说：“我们远离主力部队，如果惊慌撤退，匈奴肯定会追杀我们。现在最好的办法是留下来，这样，匈奴就会以为我们是大军的诱兵而不敢贸然进击。”于是，他率领骑兵继续行进。当走到离匈奴阵地约二里的地方时，李广命令骑兵全部下马解鞍，以迷惑敌人。

匈奴军由于摸不透李广的用意，果然不敢轻易出击。一会儿，匈奴有一个骑白马的将军走出阵地巡视兵士。李广发现后，立即跃马弯弓，带领十多名骑兵冲上去，一箭就将骑白马的人射落马下，然后驰回自己的队伍中，又卸下马鞍，叫兵士们把马放了，让马吃草，大家躺在地上休息。一直等到日暮，匈奴人还是辨不清李广的虚实，始终不敢下山。到了半夜，匈奴军担心遭到汉军伏兵袭击，便乘夜撤退而去。李广终于安全返营。

13. **出其所不趋，趋其所不意。攻而必取者，攻其所不守也。——《虚实》**

[经典战例]

隋朝灭陈之战

在战争中，“出奇制胜”是一个非常有效的策略。“奇”就是避实击虚、以实击虚，在敌人没有设防的地区出兵。在敌人意想不到的时间，向敌人难以预料的地点发动进攻，就能够取得意料不到的效果，最终也必将获胜。

公元581年二月，北周贵族杨坚逼迫静帝退位，自己当了皇帝，改北周为隋，这就是隋朝的第一个皇帝隋文帝。

隋朝建立以后，在江南唯一能和它抗衡的只有陈朝。因此，隋朝要统一中国，必须扫除陈朝。隋文帝为了灭掉陈朝，着手在国内进行了一系列的经济改革和政治改革，采取了诸如减轻赋税、废除残酷刑罚、裁减官吏等积极措施。果然，几年之后，北方生产得到迅速发展，人民生活有了很大的提高，社会秩序逐渐安定下来。

隋文帝鉴于出兵进攻陈朝的时机逐渐成熟，就召集朝中的文武大臣，共同商量灭陈大计。

仆射高颎说：“要消灭陈国，必须先毁坏它的粮食储备。江南的房屋、粮仓，多是稻草盖的，只要一放火，就能让它的房屋、粮仓化为灰烬。没有粮食，他们还怎么打仗呢?”隋文帝连声称赞：“好计！好计!”高颎又说：“他们割稻子的时候，我们派兵骚扰。等到他们把割稻子的士兵集中起来的时候，我们就立即收兵，像这样一而再，再而三，他们看到我们并不是真打，一定会放松戒备。那时我们就打它个迅雷不及掩耳，突破长江天险，江南的半壁江山不就都归我们了吗?”

隋文帝听了高颎的计策，十分高兴，立即下令出兵骚扰江南。同时，他还指派大臣杨素火速赶造渡江用的战船。

此时，陈后主却骄奢淫逸，过着花天酒地、纸醉金迷的生活。隋朝将领贺若弼按照原定的战略部署，规定凡守备江防的部队，每次调防时，都要在历阳（今安徽省和县一带地区）集中，并且遍插旌旗，广搭帐篷，用来迷惑敌人。果然，陈国以为隋军要来进犯，立即调集国内全部兵力严密防御，随时准备迎击。不料，隋军始终没有进攻的举动，只不过是守备部队例行调防而已。渐渐地，陈军对隋军插旗、搭篷这一套做法习以为常，戒备松懈下来，不久后就把调来加强防御的重兵撤回。

公元588年十月，隋文帝见条件已经成熟，决定渡江灭陈。在发兵之前，他还特地下诏揭露陈后主的罪恶，并抄写三十万份，派人暗地到江南各地散发，广造舆论，争取人心。随后，他派自己的二儿子晋王杨广担任兵马大元帅，率领五十万大军从东海来到永安郡（今重庆市奉节县），兵分八路，浩浩荡荡同时渡江。

陈朝守军的告急文书像雪片一样飞到建康（今江苏省南京市）。这时，陈后主才慌忙召集大臣商议对策。都官尚书孔范故作镇定，说："长江古称天堑，隋军难道能长翅膀飞过来不成？这不过是守边的将领谎报敌情，想要骗取奖赏罢了。杀他几个，就没有敢说谎话的了！"昏庸的陈后主一听，又高兴起来，竟然挺胸昂头地说："这话有道理，建康自古是帝王之都，朕受天命当皇帝，怕什么？从前，北齐三次进犯，都失败了；北周两次入侵，也都碰了壁。今天，小小的杨坚还能成多大气候呢？"

开皇九年（589）正月初一的清晨，大雾茫茫，江面上伸手不见五指，陈朝君臣还在酣睡之中，而两支分别由大将贺若弼、韩擒虎率领的隋军，静悄悄地渡过了长江。两军会合后，衔枚疾进，马不停蹄，迅速接近并且包围了建康城。

当时，建康城里还有十几万陈朝军队，地势险要，如果能很好地组织兵力，积极防守，是难以被攻破的。但是，陈后主昏聩无能，他见隋军兵临城下，急得没有一点主意，只是日夜哭泣。大将萧摩诃建议趁隋军还没有站稳脚跟，立即出兵攻打，一决胜负。孔范也对陈后主说："臣以为应该出兵决战，如果战败，甚至战死了，还会青史留名！"陈后主听了他们的话，立即命令萧摩诃、任忠带兵出城决战。由于陈朝士兵长久没有训练，将士过惯了享乐生活，军心涣散、士气低落，毫无战斗力，两军一交手，陈军立即溃退，争相逃命。将官任忠投降了隋军，带着隋将韩擒虎冲进建康城的正门朱雀门，向守城的陈军大声喊道："连老夫都投降了，你们还打什么?"守城士兵听了，便一哄而散。贺若弼活捉了萧摩诃，从北门冲进了建康城。

这时候，陈朝文武百官都已纷纷逃命，昏君陈后主还坐在殿上等候捷报传来。忽然，他听到一片杀声，才知道隋军已经打进城，吓得跳下宝座，跑往后宫。他找到张贵妃、孔贵人，一手拉着一个，想逃出宫去。刚逃到景阳殿的井边，听到前边杀声震天，陈后主自知无路可逃，就拉着两个妃子，一起跳进井中，因是枯井未死，都被隋军俘虏。

开皇九年（589）正月二十二日，隋晋王杨广进入建康城，陈朝宣告灭亡。

14. **故形兵之极，至于无形。——《虚实》**

［**经典战例**］

朱棣靖难夺取皇位

有时，敌人为了保护自己，可能会隐藏自己的实力，从而在表面上看来，让人觉得非常弱小，使人放松警惕。聪明的将领总是能够对表面现象进行分析，不会为眼前的假象所迷惑。

明太祖朱元璋死后，因继承人皇太子朱标早已亡故，故由长孙继位，是为惠帝，改年号建文，亦即建文皇帝。建文帝年纪虽小，却相当精明，他知道自己所处的环境——在十多个王叔的威胁之下，地位处于动摇未稳之势。为使皇权免受控制，在黄子澄等人的策划下，他进行了大刀阔斧的削藩运动，把那班老叔父按其危险性程度，流放的流放，杀的杀，逐步把这批对皇朝有威胁的势力肃清。只有宁王和燕王因环境特殊，建文帝还未敢遽然下手。

燕王朱棣眼见各位王兄王弟一个个倒了，兔死狐悲，料想迟早要轮到自己，与其等死，不如先发制人。他的军师道衍以军备未足、时机尚未成熟为由，劝他再等机会。因此燕王朱棣暂时隐忍，秘密练兵，预备行事。

有一次，燕王照例派亲信葛诚入京奏事，见了建文帝。建文帝有意收买葛诚，便召他进入密室，对他说："如果你能把燕王的活动情况及时报告于我，将来会升你为公卿。"葛诚说："食君之禄，担君之忧，臣愿效犬马之劳，此次回去，必密报燕王举动，为陛下做内应。"

葛诚回到燕京后，怂恿燕王入京（南京）见帝，以释嫌疑。此计无非想驱羊入虎口。燕王与道衍商议，道衍力主不去，燕王却说："此时我举兵，便当举兵，若不能举兵，不如暂往一回，料他也无奈我何。"因此便毅然进京。果然有人怂恿建文帝将他扣留，但建文帝很犹豫，一时找不到借口，便于一个月后放燕王返回燕京。

燕王相当精明，他最清楚自己的处境，一回来就诈病，并且病得很厉害，无非为了使朝廷不怀疑他。

建文帝虽放走燕王，却也时刻防备，并不因他“病重”而松懈。他用了一个调虎离山之计，以边境防卫为名，把燕王所属的劲旅调了一部分离开北京，派亲信工部侍郎张昺和谢贵把文武两权夺了过来，又制造借口把燕王的得力部属于谅、周铎杀掉。

燕王眼见这种情势，便诈癫扮傻，溜出王府，整天在街边游荡，口出狂言，见物就抢，装成一个十足的疯子。

张昺和谢贵知道此事后，便入宫去探病，想看个究竟。这时是暑天，只见燕王穿起皮袄，围炉而坐，身子还在发抖，牙关打战，不停地说天气太冷了。他们认定燕王是真病，防备稍有放松。但是，葛诚认为燕王是装病扮傻，用意难测，担心被他瞒过。

张昺于是具报明廷，建文帝便立即采取行动，密令城防副司令张信动手。张信过去是燕王的亲信，接到密令，犹豫不决。

建文帝见还没有消息，又再下密旨催促张信。张信很生气，愤然去见燕王。守门的不准张信进去，他就大声说：“你们只管去传报，说我张某有要紧事求见！”

燕王召见张信，却仍卧在床上，不说半句话。左右的人说：“殿下正患风疾。”张信知其装病，坚持不走。燕王屏退左右，起身与张信密谋。张信拿出建文帝的手谕，催促燕王早日动手。

密议后，张信增兵王宫，说是严密监视，实际上是保护燕王的安全，进一步定计要除掉张昺和谢贵这两位朝廷命官。

外弛内张的情势，已到一触即发的地步。张信暗中要保护同党人的安全，当晚下令把燕王的部将全体逮捕，说他们有造反的嫌疑，要押赴朝廷处决。这一招的目的是掩人耳目。他又暗中派出精壮士兵埋伏在东殿两旁，宫门内外密布便衣密探。第二天，对外宣称燕王的病已好，要召见张昺和谢贵，商议如何把这批阴谋造反的将领押解入朝。

张、谢两人虽然不疑，但也有防备，带了很多卫兵前往。到了礼端门，燕王扶杖把他们迎进去，卫队却被拒于门外。宴会行酒间，一片欢乐气氛，左右献上几个西瓜，大家都吃起来。燕王忽然停食站起来，气愤地说："想起我目前的处境，食物实在难以下咽，就是当一个普通百姓，兄弟叔侄间也应该互相怜恤。我身为皇帝叔父，反而要惶恐度日。今皇帝待我这样，国家还有什么希望呢?"说完，将手上的西瓜往地上一摔。

这其实是个暗号，两旁埋伏的士兵一见，立即奔出，不由分说就把张昺、谢贵等斩首，再揪出葛诚，也斩首示众。燕王随即宣称起义兵，清君侧，向南京进军。不久，燕王的军队便攻破皇城，建文帝不知所终。燕王抢了帝位，是为明成祖。

15. 智者之虑，必杂于利害。杂于利而务可信也，杂于害而患可解也。——《九变》

［经典战例］

螳螂捕蝉，黄雀在后

因为战争的复杂性，所以在交战的时候，指挥战斗的军事将领一定要做到客观地认识形势，对全局的发展要有准确的把握。成功的军事统帅，能够在不利的形势下分析有利的因素，在有利的形势下看到不利的影响。只有这样，军事将领才能在不论多么复杂的环境下都作出正确的判断，进而夺取战争的胜利。

春秋时，吴王寿梦准备去攻打楚国，这一决定遭到了大臣们的反对。但是，吴王不愿意听取任何人的意见，一意孤行，积极为攻打楚国作准备。

一天，吴王处理国事非常疲劳，于是，他就到后花园散步，想放松一下。这时，他看见在花园中，有个侍卫正盯着一个地方发呆。吴王非常好奇，轻轻走过去，想看看是怎么回事。侍卫看到吴王走过来，马上向吴王施礼。吴王问道："我刚才看见你正聚精会神地看东西，你到底在看什么?"侍卫说："我刚才看见了一只蝉，它正趴在树叶上开心地喝着露水，可是，它没有看到，在它的身后有一只螳螂想要吃掉它。螳螂可能是只看见了蝉，但是在螳螂的身后，还有一只黄雀准备吃掉螳螂。黄雀可能很厉害，但是如果它太关心眼前的东西，那么，如果它的身后有一个猎人的话，它可能就无法发现。”吴王听了侍卫的话，忽然感觉受到了很大的启发：有的时候，人们可能过分关注眼前的利益，从而忽略了身后可能存在的危险，就像蝉、螳螂、黄雀一样。想到这里，吴王重新召集大臣，正式宣布取消攻打楚国的计划。

16. **归师勿遏，围师必阙，穷寇勿追，此用兵之法也。——《军争》**

［**经典战例**］

赵充国平定羌族叛军

穷寇勿追，这一点与“置之死地而后生”是相吻合的。如果将敌人逼入绝境，他们为了自己活命，也必然拼死搏斗，士气反而会暴涨。如果给他们留一条生路，那么敌人争相逃命，即使来日再战，也会在心理上产生巨大压力。

西汉时期，西北边疆一直动荡不安，少数民族屡屡进犯，羌族也是其中之一。羌族在汉朝时有先零、广汉等十多个部落，曾依附匈奴；张骞出使西域后，羌人逐渐内迁。宣帝时，先零要求渡过湟水游牧。宣帝恐羌人有诈，不曾应允。先零羌不肯罢休，联合本族各部落强渡湟水，占据了汉朝边郡地区，郡县无力禁止。宣帝于是派赵充国征讨先零羌人。羌人见汉朝大军压阵，心下大骇，于是放弃辎重，想徒步渡过湟水奔逃。赵充国手下见此情景，十分着急，请求出兵，赵充国不许。有的将领说："追敌宜速，不然等敌军渡过湟水，想追都来不及了。"赵充国却说："穷寇勿追。何况羌人连辎重都抛下，求生意志坚决。此时急追，羌人走投无路，一定会奋起反抗，让我们损失很大。倒不如等他们渡过湟水，立足未稳的时候进攻，才可以大获全胜。"

于是，汉朝大军陈兵于后，令羌人惊惶不已，像无头苍蝇一般争先过河，在湟水中淹死的就有上万人。赵充国见羌人阵脚大乱，人心惶惶，才下令进攻。羌人抵挡不及，被杀得落花流水。

17. **投之亡地然后存，陷之死地然后生。——《九地》**

［**经典战例**］

背水一战

在用兵打仗的时候，人们都会希望自己占据有利的地形，也就是兵家在作战时常常强调的“天时、地利、人和”。其实，有的时候，如果将自己的军队放到危险的环境下，士兵们有可能为了活命而激发出求生的潜能，甚至比平时更英勇，更拼命战斗。下面要讲述的韩信背水一战的故事，就是成功运用这种作战方法的一个例子。

公元前205年，汉王派张耳和韩信带兵攻打赵王歇及守在代地的陈余。因赵军已占据了形势有利的地形，韩信等人便在距井陉口三十里的地方驻扎下来。韩信派一万人担当先头部队，开出营寨，面向赵军，背着河水排开了阵势。赵军看到韩信军队排成这样只有前进、没有退路的绝阵，大笑不已。等到天大亮，韩信登上战车，插上大将旗号，设上战鼓，边击着前进的鼓声，边领着军队开出井陉口隘道。于是赵军打开营门迎击汉军。两军交战了很久，韩信、张耳假意战败，抛开了主帅指挥的旗鼓，赶快退到排在水边的军阵之中，进入阵地，迅速回头迎战。军士们个个奋勇争先，拼死命作战。韩信先派出的两千名轻骑兵，见赵军全营出动，就冲入赵军营垒，拔掉赵旗，插上了两千面汉军的红色旗帜。赵军回头一看，大为惊恐，以为汉军虏获了赵王及他们的将领，于是阵势大乱，各自奔逃。背水上阵的士兵和两千名轻骑兵两面夹攻，大破赵军，在泜水边斩了成安君陈余，活捉了赵王歇。

18. **故将通于九变之地利者，知用兵矣。——《九变》**

[经典战例]

三家分晋

在作战的时候，不能一味强调自己的勇猛，还应时刻观察周围的环境，随时保证自己处于安全的环境中。从一定意义上讲，减少自己的危险，才能保存自己。只有自己的实力得到保存，其他的一切行动才有继续的可能。因此，将领在指挥士兵作战的时候，要考虑包括地形在内的各种因素，然后再去执行其他的计划。

一向被称为中原地区霸主的晋国，到了春秋后期，国君已经大权旁落了，国家的实权由六家大夫掌握。他们各自都有独立的地盘和武装，互相攻伐。后来其中两家被打散了，还剩下智家、韩家、赵家、魏家。在这四家中，以智家的势力最为强大。

智家的智伯瑶想吞并其他三家的土地，于是就对三家的大夫赵襄子、韩康子、魏桓子说："晋国原本是中原的霸主，后来相继被吴、越夺去了霸主的地位。为了使晋国再次强大起来，我主张每一家都划出一百里土地和户口来交给公家。"

这三家大夫都知道智伯瑶想借公家的名义来逼迫他们交出土地，可是三家大夫心不齐，首先是韩康子把土地和户口割让给了智家，魏桓子不想得罪智伯瑶，也把土地、户口割让出来了。

智伯瑶又向赵襄子索要土地和户口，赵襄子坚决不同意，他说："土地是祖上留下来的产业，无论如何也不能送人!"

智伯瑶听了赵襄子的话，怒气冲天，马上率领韩、魏两家一同发兵攻打赵家。

公元前 455 年，智伯瑶亲自率领中军，让魏家的军队在左路，韩家的军队在右路，三路人马直奔赵家。

赵襄子知道寡不敌众，就带着手下的兵马退守晋阳(今太原市)。

没过多长时间，智伯瑶率领的三家人马已经把整个晋阳城团团围住。赵襄子命令将士们坚守城池，不许出战。每当三家军队攻城的时候，城头上的箭好像飞蝗一般落下来，使得三家兵马无法前进一步。

就这样，赵襄子凭着弓箭守了两年多。三家的兵马始终没能把晋阳城攻下来。

这一天，智伯瑶来到城外查看地形，看到晋阳城东北面的晋水，忽然有了一个主意：晋水从晋阳城边绕过，向下游流去，如果把晋水引到西南边，晋阳城不是就被水淹了吗？他想到这里，就命令士卒在晋水边另外挖一条河，一直通到晋阳城，又在上游筑起了堤坝，用以拦住上游的水。

当时正值雨季，堤坝上的水很快就满了。智伯瑶命人在水坝上挖出个豁口。这样，大水就直冲出来，灌到晋阳城里去了。

晋阳城里的房屋被淹，人们不得不躲到房顶上去避难；炉灶也淹没在水里，老百姓不得不把锅悬起来做饭。即便如此，晋阳城的老百姓宁可淹死，也坚决不肯投降，因为他们恨透了智伯瑶。

智伯瑶请魏桓子和韩康子一同去查看水势。他用手指着晋阳城，得意扬扬地对他们说："你们看，晋阳不是很快就要完了吗？以前我还以为晋水能像城墙一样拦住敌人，现在才知道，原来大水也能灭掉一个国家！"

魏桓子和韩康子表面上虽然顺从地答应，可心里却暗暗吃惊。原来，在魏家的封邑安邑（今山西夏县西北）、韩家的封邑平阳（今山西临汾市西南）旁边各有一条河流。智伯瑶的话提醒了他们：晋水既然能淹晋阳，说不定哪天安邑和平阳也会遭到和晋阳同样的命运。

晋阳被淹之后，城中的情况越来越危急了。赵襄子坐卧不安，他对门客张孟谈说："晋阳民心虽然没变，可水势要是再涨起来，全城就保不住了，这可怎么办呢？"

张孟谈回答说："依我看，魏家和韩家把土地白白割让给智伯瑶，也不会心甘情愿，我会想办法劝他们两家共同对付智伯瑶。"

于是当天晚上，张孟谈就奉赵襄子之命偷偷出城。他先找到韩康子，又找到魏桓子，说服他们反过来与赵家一齐攻打智伯瑶。韩、魏两家早就为此事犹豫，经张孟谈一劝，都欣然同意了。

第二天半夜，智伯瑶正在营帐里睡觉，忽然间听见外面一片喊杀的声音。他急忙从床上爬起来，发现被褥和衣服全都湿了。他定睛一看，原来兵营里全是水。开始他还以为是堤坝决口，河水流到自己营里来了，于是赶忙命人去抢修。可是水势越来越大，把整个兵营全都淹没了。正当智伯瑶惊慌不定的时候，四面八方响起了震耳欲聋的战鼓声。赵、魏、韩三家的将士驾着小船、木筏一齐冲杀过来。智伯瑶手下的士卒，被砍杀和淹死的不计其数。智家全军覆没，智伯瑶也被三家的人马捉住杀了。

后来，赵、魏、韩三家瓜分了智家的土地，各自独立，形成了赵、魏、韩三国，史称"三家分晋"。

19. 料敌制胜，计险厄、远近，上将之道也。——《地形》

[经典战例]

司马懿平定辽东

将领应当根据敌我双方的强弱形势和地形条件作出正确的决策，特别是远途作战，如果后勤无法保障，那么就很难取胜。有的地方，即使得到了也对自己不利，因为很难防守，那么就无须强行占领。

公元238年，魏国派司马懿征讨公孙渊。司马懿谒见魏明帝曹叡，曹叡问道："你认为公孙渊会如何行动?"司马懿答道："公孙渊若弃城先走，那是上计；据守辽东，抗拒大军，那是中计；若坐守襄平，便是下计，必为臣所擒。"曹叡问公孙渊会不会选择上计，司马懿说："公孙渊不知兵谋，只能定出中、下计。"曹叡又问："你出军往还，需要多少天?"司马懿说："去约百日，还百日，攻百日，又须休息六十日，大约一年就可了事。"曹叡便派司马懿带兵启程。公孙渊听说司马懿带兵出征，果然派步骑数万坚壁而守。司马懿笑着对诸将说："贼不与我交战，是要我劳师糜饷，粮尽退兵。贼众多在此处，巢穴一定空虚，我们应该直攻襄平，一举破贼。”公孙渊出战失利，退守危城，司马懿的大军包围了襄平。时值秋雨连绵，辽水暴涨，运粮船直达城下，平地水深数尺。城中的人看见司马懿的营地被水淹了，就出外打柴、放牧。诸将请求出兵截击，司马懿不同意。司马陈硅问道：“太尉之前进攻上庸，昼夜兼进，所以能立拔坚城，擒斩孟达；如今远道而来，并且缓慢行进，又放任敌军打柴、放牧，究竟是什么用意?”司马懿笑着回答道：“孟达兵少粮多，我军兵多粮少，怎能不速战呢?现在敌兵多我兵少，敌饥我饱，何必速攻呢?倘若掠夺敌人的牛马，截取其樵粮，不是要驱赶敌人远走吗?”不久天气转晴，司马懿就分兵合围，在四面筑土山，登高俯攻，昼夜不停。公孙渊守兵死伤极多，粮食也将要用尽，只得派使者前来请和。司马懿怒斩来使。公孙渊从南门突围，司马懿派兵追击并将其斩首，于是平定了辽东。

20. **行火必有因，烟火必素具。发火有时，起火有日。——《火攻》**

［经典战例］

赤壁之战

在战争中，火攻是非常有效的一个攻击方法。但是在采取火攻的时候，务必要做好各种准备工作，包括进攻的时间和使用的工具。因为要实行火攻，天气因素会起到很重要的作用。所以，在开战前一定要了解天气的情况，保证火攻顺利进行。

公元208年九月，曹操收编了荆州水军，乘胜东进，企图一举吞灭东吴。孙权派遣周瑜及程普等同刘备联合起来迎击曹操，孙刘联军与曹军在赤壁相遇。这时，曹操军队中疾病流行，刚一交战就被打败，退兵驻扎在长江北岸。

周瑜等驻扎在长江南岸。周瑜的部将黄盖说："目前敌众我寡，很难跟曹军长期相持。然而我们可以看到曹军的船舰都前后紧紧相连，正可以用火攻击退它。"于是调来了数十艘艨艟斗舰，并在战舰中装满柴草，把油灌注在里面，用帐篷围起来，船上竖起军旗。黄盖事先写了封信给曹操，骗他说要向他投降。黄盖又准备了一些快艇，分别系在大船的后面，按照次序一起进发。曹操军队中的官兵都伸长脖子观望，指着说黄盖来投降了。

黄盖散开这些船，同时点上火。这时风势很猛，大火蔓延，烧尽了曹军的船只，并延烧到岸上的营寨。不一会儿，烟火弥漫在天空中，曹操的人马被烧死淹死的有很多。曹军于是败退，回兵保守南郡。刘备与周瑜等又一齐率军追赶。曹操只好留下曹仁等将领守住江陵城，自己直接逃回了北方。孙刘联军用火攻大破曹军的这次战役，就是我国历史上著名的赤壁之战。

附录一

孙子传

孙子武者，齐人也。以兵法见于吴王阖庐。阖庐曰："子之十三篇，吾尽观之矣，可以小试勒兵乎？"对曰："可。"阖庐曰："可试以妇人乎？"曰："可。"于是许之，出宫中美女，得百八十人。孙子分为二队，以王之宠姬二人各为队长，皆令持戟。令之曰："汝知而心与左右手背乎？"妇人曰："知之。"孙子曰："前，则视心；左，视左手；右，视右手；后，即视背。"妇人曰："诺。"约束既布，乃设铁钺，即三令五申之。于是鼓之右，妇人大笑。孙子曰："约束不明，申令不熟，将之罪也。"复三令五申而鼓之左，妇人复大笑。孙子曰："约束不明，申令不熟，将之罪也；既已明而不如法者，吏士之罪也。"乃欲斩左右队长。吴王从台上观，见且斩爱姬，大骇。趣使使下令曰："寡人已知将军能用兵矣。寡人非此二姬，食不甘味，愿勿斩也。"孙子曰："臣既已受命为将，将在军，君命有所不受。"遂斩队长二人以徇。用其次为队长，于是复鼓之。妇人左右前后跪起皆中规矩绳墨，无敢出声。于是孙子使使报王曰："兵既整齐，王可试下观之，唯王所欲用之，虽赴水火犹可也。"吴王曰："将军罢休就舍，寡人不愿下观。"孙子曰："王徒好其言，不能用其实。"于是阖庐知孙子能用兵，卒以为将。西破强楚，入郢，北威齐晋，显名诸侯，孙子与有力焉。

（《史记·孙子吴起列传》）

［译文］

孙子名武，是齐国人。他以所著兵法求见于吴王阖庐。阖庐说"您的十三篇我已全部拜读，可以试着为我操演一番吗？"孙子说："可以。"阖庐问："可用妇女来操演吗？"孙子说："可以。"于是答应孙子，选出宫中美女，共计一百八十人。孙子把她们分为两队，派王的宠姬二人担任两队的队长，让她们全部持戟。命令她们说："你们知道你们的心口、左手、右手和背的方向吗？"妇女们说："知道。"孙子说："前方是按心口所向，左方是按左手所向，右方是按右手所向，后方是按背所向。"妇女们说："是。"规定宣布清楚，便陈设斧钺，当场重复了多遍。然后用鼓声指挥她们向右，妇女们大笑。孙子说："规定不明，申说不够，这是将领的过错。"又重复了多遍，用鼓声指挥她们向左，妇女们又大笑。孙子说："规定不明，申说不够，是将领的过错；已经讲清而仍不按规定来动作，就是队长的过错了。"说着就要将左、右两队的队长斩首。吴王从台上观看，见爱姬将要被斩，大惊失色。急忙派使者下令说："寡人已知道将军善于用兵了。但寡人如若没有这两个爱姬，吃饭也不香甜，请不要斩首。"孙子说："臣下既已受命为将，将在军中，国君的命令有的可以不接受。"于是将队长二人斩首示众。用地位在她们之下的人担任队长，再次用鼓声指挥她们操练。妇女们向左向右向前向后，跪下起立，全都合乎要求，没有一个人敢出声。然后，孙子派使者回报吴王说："士兵已经阵容整齐，大王可下台观看，任凭大王想让她们干什么，哪怕是赴汤蹈火也可以。"吴王说："将军请回客舍休息，寡人不愿下台观看。"孙子说："大王只不过喜欢我书上的话，并不能采用其内容。"从此阖庐才知道孙子善于用兵，终于任他为将。吴国西面击破强楚，攻入郢，北威齐、晋，扬名于诸侯，孙子在其中出了不少力。

附录二

文津阁四库全书本《孙子兵法》[1]

① 《孙子兵法》，又称《孙子》。此影印本，请从第 276 页倒序（自右往左）读起。

欽定四庫全書

四〇

孫子

死間為誑事可使告敵因是而知之故生間可使如期五間之事主必知之知之必在反間故反間不可不厚也昔殷之興也伊摯在夏周之興也吕牙在商故明君賢將能以上智為間者必成大功此兵之要三軍之所恃而動也

間知之而傳於敵國也生間者反報也故三軍之事莫親於間賞莫厚於間事莫密於間非聖智不能用間非仁義不能使間非微妙不能得間之實微哉微哉無所不用間也間事未發而先聞者間與所告者皆死凡軍之所欲擊城之所欲攻人之所欲殺必先知其守將左右謁者門者舍人之姓名令吾間必索知之必索敵間之來間我者因而利之導而舍之故反間可得而使也因是而知之故鄉間內間可得而使也因是而知之故

守數年以爭一日之勝而愛爵祿百金不知敵之情者不仁之至也非人之將也非主之佐也非勝之主也故明君賢將所以動而勝人成功出於衆者先知也先知者不可取於鬼神不可象於事不可驗於度必取於人而知敵之情者也故用間有五有鄉間有內間有反間有死間有生間五間俱起莫知其道是謂神紀人君之寶也鄉間者因其鄉人而用之內間者因其官人而用之反間者因其敵間而用之死間者為誑事於外令吾

凶命曰費留故曰明主慮之良將修之非利不動非得不用非危不戰主不可以怒而興師將不可以愠而致戰合於利而動不合於利而止怒可以復喜愠可以復悦亡國不可以復存死者不可以復生故曰明主慎之良將警之此安國全軍之道也

用間第十三

孫子曰凡興師十萬出征千里百姓之費公家之奉日費千金内外騷動怠於道路不得操事者七十萬家相

曰火庫五曰火隊行火必有因烟火必素具發火有時起火有日時者天之燥也日者月在箕壁翼軫也凡此四宿者風起之日也凡火攻必因五火之變而應之火發於內則早應之於外火發而其兵靜者待而勿攻極其火力可從而從之不可從則止火可發於外無待於內以時發之火發上風無攻下風晝風久夜風止凡軍必知五火之變以數守之故以火佐攻者明以水佐攻者强水可以絶不可以奪夫戰勝攻取而不修其攻者

之亡地然後存陷之死地然後生夫衆陷於害然後能為勝敗夫為兵之事在順詳敵之意并力一向千里殺將是謂巧能成事是故政舉之日夷關折符無通其使厲於廊廟之上以誅其事敵人開闔必亟入之先其所愛微與之期踐墨隨敵以決戰事是故始如處女敵人開戶後如脫兔敵不及拒

火攻第十二

孫子曰凡火攻有五一曰火人二曰火積三曰火輜四

塞其闕死地吾將示之以不活故兵之情圍則禦不得已則鬬過則從是故不知諸侯之謀者不能豫交不知山林險阻沮澤之形者不能行軍不用鄉導者不能得地利四五者一不知非霸王之兵也夫霸王之兵伐大國則其衆不得聚威加於敵則其交不得合是故不爭天下之交不養天下之權信己之私威加於敵故其城可拔其國可隳施無法之賞懸無政之令犯三軍之衆若使一人犯之以事勿告以言犯之以利勿告以害投

帥與之深入諸侯之地而發其機若驅羣羊驅而往驅而來莫知所之聚三軍之衆投之於險此將軍之事也九地之變屈伸之利人情之理不可不察也凡為客之道深則專淺則散去國越境而師者絶地也四通者衢地也入深者重地也入淺者輕地也背固前隘者圍地也無所往者死地也是故散地吾將一其志輕地吾將使之屬爭地吾將趨其後交地吾將謹其守衢地吾將固其結重地吾將繼其食圮地吾將進其途圍地吾將

則諸劌之勇也故善用兵者譬如率然率然者常山之蛇也擊其首則尾至擊其尾則首至擊其中則首尾俱至敢問可使如率然乎曰可夫吳人與越人相惡也當其同舟濟而遇風其相救也如左右手是故方馬埋輪未足恃也齊勇若一政之道也剛柔皆得地之理也故善用兵者攜手若使一人不得已也將軍之事靜以幽正以治能愚士卒之耳目使之無知易其事革其謀使人無識易其居迂其途使人不得慮帥與之期若登高而去其梯

愛則聽矣兵之情主速乘人之不及由不虞之道攻其所不戒也凡為客之道深入則專主人不克掠於饒野三軍足食謹養而勿勞并氣積力運兵計謀為不可測投之無所往死且不北死焉不得士人盡力兵卒甚陷則不懼無所往則固入深則拘不得已則鬭是故其兵不修而戒不求而得不約而親不令而信禁祥去疑至死無所之吾士無餘財非惡貨也無餘命非惡壽也令發之日士卒坐者涕沾襟偃卧者涕交頤投之無所往

多者為重地山林險阻沮澤凡難行之道者為圮地所由入者隘所從歸者迂彼寡可以擊吾之衆者為圍地疾戰則存不疾戰則亡者為死地是故散地則無戰輕地則無止爭地則無攻交地則無絶衢地則合交重地則掠圮地則行圍地則謀死地則戰古之所謂善用兵者能使敵人前後不相及衆寡不相恃貴賤不相救上下不相收卒離而不集兵合而不齊合於利而動不合於利而止敢問敵衆整而將來待之若何曰先奪其所

迷舉而不窮故曰知彼知此勝乃不殆知天知地勝乃可全

九地第十一

孫子曰用兵之法有散地有輕地有爭地有交地有衢地有重地有圮地有圍地有死地諸侯自戰其地者為散地入人之地而不深者為輕地我得亦利彼得亦利者為爭地我可以往彼可以來者為交地諸侯之地三屬先至而得天下之衆者為衢地入人之地深背城邑

用戰者必敗故戰道必勝主曰無戰必戰可也戰道不勝主曰必戰無戰可也故進不求名退不避罪惟民是保而利於主國之寶也視卒如嬰兒故可與之赴深谿視卒如愛子故可與之俱死愛而不能令厚而不能使亂而不能治譬如驕子不可用也知吾卒之可以擊而不知敵之不可擊勝之半也知敵之可擊而不知吾卒之不可以擊勝之半也知敵之可擊知吾卒之可以擊而不知地形之不可以戰勝之半也故知兵者動而不

至任不可不察也故兵有走者有弛者有陷者有崩者有亂者有北者凡此六者非天地之災將之過也夫勢均以一擊十曰走卒强吏弱曰弛吏强卒弱曰陷大吏怒而不服遇敵懟而自戰將不知其能曰崩將弱不嚴教道不明吏卒無常陳兵縱横曰亂將不能料敵以少合衆以弱擊强兵無選鋒曰北凡此六者敗之道也將之至任不可不察也夫地形者兵之助也料敵制勝計險阨遠近上將之道也知此而用戰者必勝不知此而

遠者我可以往彼可以來曰通通形者先居高陽利糧道以戰則利可以往難以返曰掛掛形者敵無備出而勝之敵若有備出而不勝難以返不利我出而不利彼出而不利曰支支形者敵雖利我我無出也引而去之令敵半出而擊之利隘形者我先居之必盈之以待敵若敵先居之盈而勿從不盈而從之險形者我先居之必居高陽以待敵若敵先居之引而去之勿從也遠形者勢均難以挑戰戰而不利凡此六者地之道也將之

去必謹察之兵非貴益多惟無武進足以併力料敵取人而已夫惟無慮而易敵者必擒於人卒未親附而罰之則不服不服則難用也卒已親附而罰不行則不可用也故令之以文齊之以武是謂必取令素行以教其民則民服令不素行以教其民則民不服令素行者與衆相得也

地形第十

孫子曰地形有通者有掛者有支者有隘者有險者有

者進也辭强而進驅者退也輕車先出居其側者陣也無約而請和者謀也奔走而陳兵者期也半進半退者誘也仗而立者饑也汲而先飲者渴也見利而不知進者勞也鳥集者虚也夜呼者恐也軍擾者將不重也旌旗動者亂也吏怒者倦也殺馬食肉者軍無糧也懸缻不返其舍者窮寇也諄諄翕翕徐與人言者失衆也數賞者窘也數罰者困也先暴而後畏其衆者不精之至也來委謝者欲休息也兵怒而相迎久而不合又不相

陽而右背之此兵之利地之助也上雨水沫至欲涉者待其定也凡地有絶澗天井天牢天羅天陷天隙必亟去之勿近也吾逺之敵近之吾迎之敵背之軍旁有險阻潢井林木蒹葭翳薈者必謹覆索之此伏姦之伏也近而静者恃其險也逺而挑戰者欲人之進也其所居易者利也衆樹動者來也衆草多障者疑也鳥起者伏也獸駭者覆也塵高而鋭者車來也卑而廣者徒來也散而條達者樵採也少而往來者營軍也辭卑而益備

孫子曰凡處軍相敵絶山依谷視生處高戰隆無登此處山之軍也絶水必遠水客絶水而來勿迎之於水内令半渡而擊之利欲戰者無附水而迎客視生處高無迎水流此處水上之軍也絶斥澤唯亟去勿留若交軍於斥澤之中必依水草而背衆樹此處斥澤之軍也平陸處易右背高前死後生此處平陸之軍也凡此四軍之利黄帝之所以勝四帝也凡軍好高而惡下貴陽而賤陰養生處實軍無百疾是謂必勝邱陵隄防必處其

五利不能得人之用矣是故智者之慮必雜於利害雜於利而務可信也雜於害而患可解也是故屈諸侯者以害役諸侯者以業趨諸侯者以利故用兵之法無恃其不來恃吾有以待之無恃其不攻恃吾有所不可攻也故將有五危必死可殺必生可虜忿速可侮廉潔可辱愛民可煩凡此五者將之過也用兵之災也覆軍殺將必以五危不可不察也

行軍第九

勿向背邱勿逆佯北勿從鋭卒勿攻餌兵勿食歸師勿遏圍師必闕窮寇勿追此用兵之法也

九變第八

孫子曰凡用兵之法將受命於君合軍聚衆圮地無舍衢地合交絶地無留圍地則謀死地則戰途有所不由軍有所不擊城有所不攻地有所不爭君命有所不受故將通於九變之利者知用兵矣將不通於九變之利雖知地形不能得地之利矣治兵不通九變之術雖知

政曰言不相聞故為之金鼓視不相見故為之旌旆夫
金鼓旌旆者所以一人之耳目也人既專一則勇者不
得獨進怯者不得獨退此用衆之法也故夜戰多火鼓
晝戰多旌旆所以變人之耳目也三軍可奪氣將軍可
奪心是故朝氣銳晝氣惰暮氣歸善用兵者避其銳氣
擊其惰歸此治氣者也以治待亂以靜待譁此治心者
也以近待遠以佚待勞以飽待飢此治力者也無邀正
正之旗無擊堂堂之陳此治變者也故用兵之法高陵

爭利則擒三將軍勁者先疲者後其法十一而至五十里而爭利則蹶上將軍其法半至三十里而爭利則三分之二至是故軍無輜重則亡無糧食則亡無委積則亡故不知諸侯之謀者不能豫交不知山林險阻沮澤之形者不能行軍不用鄉導者不能得地利故兵以詐立以利動以分合為變者也故其疾如風其徐如林侵掠如火不動如山難知如陰動如雷震掠鄉分衆廓地分利懸權而動先知迂直之計者勝此軍爭之法也軍

勢水無常形能因敵變化而取勝者謂之神故五形無常勝四時無常位日有短長月有死生

軍爭第七

孫子曰凡用兵之法將受命於君合軍聚衆交和而舍莫難於軍爭軍爭之難者以迂爲直以患爲利故迂其途而誘之以利後人發先人至此知迂直之計者也故軍爭爲利衆爭爲危舉軍而爭利則不及委軍而爭利則輜重捐是故卷甲而趨日夜不處倍道兼行百里而

數里乎以吳度之越人之兵雖多亦奚益於勝哉故曰勝可為也敵雖衆可使無鬭故策之而知得失之計作之而知動靜之理形之而知死生之地角之而知有餘不足之處故形兵之極至於無形無形則深間不能窺智者不能謀因形而措勝於衆衆不能知人皆知我所以勝之形而莫知吾所以制勝之形故其戰勝不復而應形於無窮夫兵形象水水之形避高而趨下兵之形避實而擊虛水因地而制流兵因敵而制勝故兵無常

我專而敵分我專為一敵分為十是以十攻其一也則我衆敵寡能以衆擊寡則吾之所與戰者約矣吾所與戰之地不可知不可知則敵所備者多敵所備者多則吾所與戰者寡矣故備前則後寡備後則前寡備左則右寡備右則左寡無所不備則無所不寡寡者備人者也衆者使人備己者也故知戰之地知戰之日則可千里而會戰不知戰地不知戰日則左不能救右右不能救左前不能救後後不能救前而況遠者數十里近者

之安能動之出其所不趨趨其所不意行千里而不勞者行於無人之地也攻而必取者攻其所不守也守而必固者守其所不攻也故善攻者敵不知其所守善守者敵不知其所攻微乎微乎至於無形神乎神乎至於無聲故能為敵之司命進而不可禦者衝其虛也退而不可追者速而不可及也故我欲戰敵雖高壘深溝不得不與我戰者攻其所必救也我不欲戰雖畫地而守之敵不得與我戰者乖其所之也故形人而我無形則

之予之敵必取之以利動之以本待之故善戰者求之於勢不責之於人故能擇人而任勢任勢者其戰人也如轉木石木石之性安則靜危則動方則止圓則行故善戰人之勢如轉圓石於千仞之山者勢也

虛實第六

孫子曰凡先處戰地而待敵者佚後處戰地而趨戰者勞故善戰者致人而不致於人能使敵人自至者利之也能使敵人不得至者害之也故敵佚能勞之飽能飢

也死而復生四時是也聲不過五五聲之變不可勝聽也色不過五五色之變不可勝觀也味不過五五味之變不可勝嘗也戰勢不過奇正奇正之變不可勝用也奇正相生如循環之無端孰能窮之哉激水之疾至於漂石者勢也鷙鳥之疾至於毁折者節也故善戰者其勢險其節短勢如彍弩節如發機紛紛紜紜鬬亂而不可亂渾渾沌沌形圓而不可敗亂生於治怯生於勇弱生於强治亂數也勇怯形也故善動敵者形之敵必從

三曰數四曰稱五曰勝地生度度生量量生數數生稱稱生勝故勝兵若以鎰稱銖敗兵若以銖稱鎰勝者之戰若決積水於千仞之谿者形也

兵勢第五

孫子曰凡治衆如治寡分數是也鬬衆如鬬寡形名是也三軍之衆可使必受敵而無敗者奇正是也兵之所加如以碫投卵者虛實是也凡戰者以正合以奇勝故善出奇者無窮如天地不竭如江海終而復始日月是

者動於九天之上故能自保而全勝也見勝不過衆人之所知非善之善者也戰勝而天下曰善非善之善者也故舉秋毫不為多力見日月不為明目聞雷霆不為聰耳古之所謂善戰者勝於易勝者也故善戰者之勝也無智名無勇功故其戰勝不忒不忒者其所措勝勝已敗者也故善戰者立於不敗之地而不失敵之敗也是故勝兵先勝而後求戰敗兵先戰而後求勝善用兵者修道而保法故能為勝敗之政兵法一曰度二曰量

能而君不御者勝此五者知勝之道也故曰知彼知己百戰不殆不知彼而知己一勝一負不知彼不知己每戰必敗

軍形第四

孫子曰昔之善戰者先為不可勝以待敵之可勝不可勝在己可勝在敵故善戰者能為不可勝不能使敵之必可勝故曰勝可知而不可為不可勝者守也可勝者攻也守則不足攻則有餘善守者藏於九地之下善攻

敵則能戰之少則能守之不若則能避之故小敵之堅大敵之擒也夫將者國之輔也輔周則國必强故軍之所以患於君者三不知軍之不可以進而謂之進不知軍之不可以退而謂之退是謂縻軍不知三軍之事而同三軍之政則軍士惑矣不知三軍之權而同三軍之任則軍士疑矣三軍既惑且疑則諸侯之難至矣是謂亂軍引勝故知勝有五知可以與戰不可以與戰者勝識衆寡之用者勝上下同欲者勝以虞待不虞者勝將

為上破伍次之是故百戰百勝非善之善者也不戰而屈人之兵善之善者也故上兵伐謀其次伐交其次伐兵其下攻城攻城之法為不得已修櫓轒轀具器械三月而後成距闉又三月而後已將不勝其忿而蟻附之殺士卒三分之一而城不拔者此攻之災也故善用兵者屈人之兵而非戰也拔人之城而非攻也毀人之國而非久也必以全爭於天下故兵不頓而利可全此謀攻之法也故用兵之法十則圍之五則攻之倍則分之

食敵一鍾當吾二十鍾萁秆一石當吾二十石故殺敵者怒也取敵之利者貨也車戰得車十乘以上賞其先得者而更其旌旗車雜而乘之卒善而養之是謂勝敵而益強故兵貴勝不貴久故知兵之將民之司命國家安危之主也

謀攻第三

孫子曰夫用兵之法全國為上破國次之全軍為上破軍次之全旅為上破旅次之全卒為上破卒次之全伍

貨則諸侯乘其弊而起雖有智者不能善其後矣故兵聞拙速未覩巧之久也夫兵久而國利者未之有也故不盡知用兵之害者則不能盡知用兵之利也善用兵者役不再籍糧不三載取用於國因糧於敵故軍食可足也國之貧於師者遠輸遠輸則百姓貧近師者貴賣貴賣則百姓財竭財竭則急於丘役力屈財殫中原内虛於家百姓之費十去其七公家之費破車罷馬甲冑弓矢戟楯矛櫓丘牛大車十去其六故智將務食於敵

其無備出其不意此兵家之勝不可先傳也夫未戰而廟算勝者得算多也未戰而廟算不勝者得算少也多算勝少算不勝而況於無算乎吾於此觀之勝負見矣

作戰第二

孫子曰凡用兵之法馳車千駟革車千乘帶甲十萬千里饋糧內外之費賓客之用膠漆之材車甲之奉日費千金然後十萬之師舉矣其用戰也勝久則鈍兵挫銳攻城則力屈久暴師則國用不足夫鈍兵挫銳屈力殫

道主用也凡此五者將莫不聞知之者勝不知者不勝故校之以計而索其情曰主孰有道將孰有能天地孰得法令孰行衆兵孰强士卒孰練賞罰孰明吾以此知勝負矣將聽吾計用之必勝留之將不聽吾計用之必敗去之計利以聽乃為之勢以佐其外勢者因利而制權也兵者詭道也故能而示之不能用而示之不用近而示之遠遠而示之近利而誘之亂而取之實而備之强而避之怒而撓之卑而驕之佚而勞之親而離之攻

欽定四庫全書

孫子　　　　　　　　周　孫武　撰

始計第一

孫子曰兵者國之大事死生之地存亡之道不可不察也故經之以五事校之以計而索其情一曰道二曰天三曰地四曰將五曰法道者令民與上同意可與之死可與之生而不畏危也天者陰陽寒暑時制也地者遠近險易廣狹死生也將者智信仁勇嚴也法者曲制官

www.ingramcontent.com/pod-product-compliance
Ingram Content Group UK Ltd.
Pitfield, Milton Keynes, MK11 3LW, UK
UKHW062306290726
14090UKWH00018B/911